理想生活的關鍵字

Kasin 著

練習輕巧地過日子，

找回金錢、時間與心靈的餘裕

各界推薦

第一次去Kasin家，她甚至還沒有結婚（笑）。認識她也四年了，看著她從少女到婚嫁、到懷孕、到現在迎接新生命，不變的是她對簡單生活的專一。

Kasin真的是我見過最貫徹「簡單生活」的人了。

會這麼說也是因為多數大小網紅（包括我），多少會有公關品、商業合作上的機會，我並不是要否定有進行商業合作的任何人，每一個人都希望使用到最適合的物品並推薦給觀眾，每個人都有不同的初心和追求。但Kasin在簡單生活中的探索，是極其堅定的，因為現在過得很好，而不再去追求、眼紅什麼。若有調整，她也時刻提醒，要根據自己的腳步，緩慢卻沉穩地前行。

我相信讀者透過此本書的字裡行間，一定能感受到Kasin在用心篩選物品後，是怎麼更專注做自己喜歡的事情，並不受到外界的干擾。閱讀此書後，你一定也能感受到她所闡述的餘裕、從容和自由，並獲得滿滿的鼓勵與啟發。

——**末羊子**（YouTuber）

認識Kasin是因為她的ＩＧ文章，平易近人的文字，樸實簡單的生活，有著專注喜歡的興趣，分享的各種生活理念都讓人嚮往。

喜歡Kasin說的：「正因為戀物，才選擇斷捨離。」我也認同，因為懶，所以要想辦法讓生活可以過得更懶，我就是靠著這種信念把生活打理好的（笑）。

這本書可以跟著Kasin一起，看她如何從戀物到減物，用刪除法讓生活簡單而精彩，透過去蕪存菁，達到舒適又滿足的理想生活。

——**邦妮**（自媒體工作者）

不多不少，才是最適合的剛好。剛剛好一直都是需要練習的，只要我們開始學習為生活留白，家具、衣物、愛書，還有內在心靈的空間感，需要的、適合的才是該留下的。斷捨離不是盲目地丟棄，而是為了找回最舒服的自己；生活不是填滿才叫做充實，而是在忙碌的日子裡仍享有餘裕與踏實，並且活出自己喜歡的樣子。

——**閱讀小姐**（IG人氣閱讀版主）

《理想生活的關鍵字》是Kasin用自身經驗淬鍊出的簡單生活寶典。如果您曾有過「簡單生活」的想法，不論現在正處於什麼階段，都可以從書中找到啟發和指引。

願您透過這本書輕輕練習，從心開始找到適合自己的簡單生活之道。專注當下，感受到斷捨離的愉快，一起享受簡單生活帶來的美好餘裕。

——**Ginny居你**（插畫家）

衣櫃裡究竟有幾件一年以上沒穿的衣服呢？我們購買的衣物都遠超過我們真正

需要的數量，無窮的慾望使我們購置過多的物品，也拋棄很多物品，造成嚴重的環境破壞。減少物質需求就能夠減少開銷，減少開銷就可以不用賺那麼多錢，那麼生活將可以獲得更多的自由。還記得我第一次看到Kasin的ＩＧ，一目瞭然的乾淨排版，真的好喜歡；書中每一篇也都是我很喜歡的內容，閱讀這本書，一起簡單生活、享受人生的單純自在。

——**NiBo妮啵**（ＩＧ人氣閱讀×手寫版主）

目錄

6

將減塑加入簡單生活

前言／簡單生活的魅力

為什麼選擇斷捨離，並實踐與社會一般價值觀相反的簡單生活呢？

我下定決心開始斷捨離的日子是二〇一八年二月二十七日（記得那麼清楚是因為我有寫在手帳上），那時候剛出社會對未來感到迷惘，生活渾渾噩噩的，下班回家就是沙發上的一灘爛泥，喜歡買東西、房間總是很亂，逐漸少了學習的動力。

在這樣的情況下，恰好看到一篇關於日本極簡主義者的文章，嚮往那樣平靜、舒心、有目標的生活，也想起自己在日本寺院裡體驗到難以忘懷的靜謐氛圍，想把這樣的感受帶到自己現在生活的空間。儘管我們無法選擇自己所居住的地方，但可以透過改變生活模式，獲得相同的效果。於是產生了把極簡態度納入生活之中的想法，便從物品開始，進階到空間、收納習慣、人際關係、時間分配等各個面向的簡化和整理。

我一一捨棄掉不感興趣、討厭的事物，以俯瞰的視角審視自己，不斷問自己「這真的有必要嗎」、「我真正想做的事情是什麼」……對我來說這段過程可以算是「去蕪存菁」，我並沒有改變自己的喜好或風格，而是找回原來的自己，宛如一台去除障礙物在高速公路上奔馳的車子一樣，能毫無限制地往自己的目標穩健前進，發揮優勢發光發熱，更因此脫離母胎單身，找到命中注定的另一半。

簡單生活也讓我重新獲得餘裕感，或者更白話一點說是，「自由」的生活。

空間的餘裕：大空間可以過得舒適，小空間也能過得有彈性。無論面臨怎樣的空間，都能自在控制物品的總量，適度留白，擺脫塞滿滿、被物品干擾的生活。

金錢的餘裕：錢錢很棒，就算沒了工作，也能享受自在過日子的財務自由狀態，擺脫固定的工作模式，選擇用自己喜歡的方式賺錢。懂得把錢花在刀口上，隨時都能拿出一筆錢來追求自己的理想。

時間和精力的餘裕：減少選擇、不隨意浪費珍貴的專注力，每個人都有屬於自己的神聖時間，學會讓自己擺脫分心、干擾，在正確的時間做正確的事，事半功倍，實現「少，但是更好」的專準概念。

心靈的餘裕：養成開放的心態，沒有絕對和一定，放過自己也放過他人，更輕鬆地過日子，九成的煩惱都是不必要的，漸漸成為一個自然而然正向思考，懂得將負面思維轉化為動力的人，造就擁有強大心靈的自我。

透過緩慢的練習湊齊這些餘裕後，我認為簡單生活是一場「把身邊所有有限資源再分配」的過程，整理物品、空間、時間、金錢和心靈，完成這場有趣又收穫滿滿的人生節慶整理，一旦習得人生整理的技能，當你面對任何的狀態，都有辦法用自己的方式把它導向你喜歡的模樣。

執行簡單生活前，希望你能了解一個讓自己在過程中更輕鬆的觀念——物品數量不是重點。

每個人都是獨一無二的個體，成長背景、生活習慣、價值觀、感興趣的事物本就不同，簡單生活實踐者該擁有什麼樣的東西？每個物品只能有一個？盲目追逐這些標準並沒有意義，你只要透過不斷的取捨、探索、思考的過程來了解自己，逐步建構屬於你的原則，一步一步持續邁進，自然就會產生適合你的答案。

我的理想生活關鍵字

人有個天性，有目標、有理想比較容易前進，你也可以想想什麼樣的關鍵字符合你的理想簡單生活，讓這些字詞成為我們的行事指南針，遇到狀況時，可以拿出來提醒自己，確保走在正確的路上。

我的理想關鍵字有三個，分別是「簡單、專注、餘裕」。我喜歡盡可能化繁為簡，簡化生活的各個面向，從物品到身心靈，進行有意識的取捨，只留下對自己來說最重要的人事物，如此一來才能讓我專注投入其中，不受到多餘的干擾或阻撓，進而在生活中製造出餘裕感，讓我可以在獲得充分休息的同時也能享受自在的生活，不受限制。

這本書集結了我執行簡單生活這五年來的實際經歷，包括曾經犯錯的事、嘗試過的心得、撰寫這本書的重新發現，與其說是教戰指南，更像是和你對話的生活紀錄、心情日記，希望你能在閱讀的過程中，透過我的經驗分享，找到自己的影子或者想嘗試的方法，啟發你在生活上做出一點點小改變。

我們就以輕鬆自在的心情，來一場簡單生活輕練習吧！

1

簡單生活起手式，先從整理物品開始

篩選出真正需要且喜歡的菁英

「正因為戀物，才選擇斷捨離。」

這句話聽起來雖然有點矛盾，但卻是我選擇實踐極簡生活的初衷。在看到日本極簡主義者的房間時，雖然空間不大、物品不多，但從照片就可以感受到那些精挑細選保留下來的物品和主人有著緊密的連結，比方說排列整齊、一塵不染的狀態，可以看出這個人願意花心思去維護照顧，而物品上經年累月的使用痕跡，也代表著它被頻繁地使用著。

物品就是要被如此對待，才能展現它的價值，光是擺著堆著不用，是沒有任何意義的。我也希望物品帶給我的是正面的情緒和效益，而非在生活已經夠迷惘且有壓力的情況下，又成為物品的奴隸，逼著我要去做點什麼。

當時的我只是一個剛出社會不久的菜鳥，起薪28Ｋ，三分之一的薪水要拿去繳房租和水電，才能換得一個四、五坪的居住空間，空間不是用來生活而是堆東西（也是要花錢買），光想就覺得浪費，重點是還無法滿足。

我常在想，我們會對於已經擁有很多卻仍不滿足，其中一個原因會不會是我們太常為了省錢而將就，或是一時興起而衝動購物，三年、五年、十年過去，身邊漸漸累積了大量的六十分或不及格的物品，而掩蓋了那些早已存在於我們身邊的菁英物品。

唯一解方，就是靜下來好好篩選，捨棄那些可有可無，讓自己專注於在乎的事物上，獲得真正的滿足感。

如同日劇《我的家裡空無一物》裡女主角緩莉舞的自白：「雖然熱衷於丟東西，相對應的只留下珍視的物品。而一旦買了喜歡的東西，就好好地保養，為長久使用而用心維護。」

理性需要和感性喜歡

我剛開始進行斷捨離的時候，是從台北租屋處的物品著手處理，因為那時候從日本交換回來不到一年，多數的物品都還存放在雲林老家，租屋處的物品已經是精減過一輪的，可能僅佔總量的兩成左右，對斷捨離新手來說，一開始不用面對大量的物品，難度降低很多，至少比較有頭緒知道可以從哪裡開始，真是可喜可賀。

根據過去的經驗，頻繁使用的區域，大多都是不可或缺的物品，只要挑出真正不常使用的物品出來就好，主要欠缺的是有邏輯的收納整理。租屋處裡我最先下手的就是過去的興趣家私和各式文件紙張，以及非當季的衣物這些當下比較少用到的區域。

我只想留下對現在的自己來說重要的物品，因此我需要做的事，無非要擺脫以「物品狀態好壞」來取捨。物品就算再好再新，用不到、沒有感情，我跟它也只是永不相交的兩條水平線，一點意義都沒有，倒不如轉手給有需求的人，對於愛物惜物的我來說，這才是最理想的做法。

在篩選物品時，我會客觀地回想一下已經有多久沒有使用了？短期內會使用嗎？不想使用的原因是什麼？同時也從感性的層面來問自己，這個東西我喜歡嗎？喜歡的話為什麼不用？不喜歡又不使用的話是不是要捨棄呢？

- 使用也喜歡→留下
- 使用但不喜歡→未來可考慮汰舊換新
- 喜歡但不使用→拿出來用或者斷捨離
- 不喜歡也不使用→斷捨離

至於老家，有了租屋處斷捨離的訓練，讓我知道那些東西近一年都沒碰，自己一樣活得好好的，所以我採取的方式是——只挑選想要留下來的東西，其他的一律捨棄。還記得那時候是清明連假，看完近藤麻理惠參與的日本綜藝節目後，斷捨離魂再次被燃起，興致勃勃地把堆在樓梯間、房間的那十五箱學生包裹一一拆開來，分成「要帶回台北使用的」、「贈送給他人或拍賣的」、「需要回收的」、「直接丟掉的」幾大類。整理完的當下，沒有不捨或罪惡感，反而是釋放了擔負在身上的種種壓力，獲得一股前所未有的暢快感。

這個時候我也脫離了斷捨離新手村，邁向下一個階段。

擬一份菁英特質清單

進行過初步的篩選後，物品的數量已經減少了大半，若還沒達到自己的理想，或者空間依舊不足，想持續簡化的話這套可能不太管用，需要更嚴苛的篩選標準來找出菁英中的菁英。

每個人對於菁英物品可能有不一樣的定義，可以思考看看，對你來說擁有什麼樣特質的物品可以被列為菁英，如果沒有頭緒的話，可以看看那些你打死都不會丟的物品們，有著怎樣的共同點或者帶給你什麼感受，這些就是你的答案了。

當你有一份屬於自己的菁英特質清單後，可以在斷捨離或未來邁向精準購買的過程中成為你的得力輔助大臣，比方說面臨二選一或多選一的天人交戰時，把每個候選人都利用這套菁英特質清單評分一下，要認真寫筆記或者腦海中run一輪都可以，方便、有達到目的最重要。

我是一個愛喝茶的人，喝茶的重要程度僅次於吃飯、睡覺、洗澡，過去我曾經有一整櫃的泡茶道具和滿坑滿谷的茶葉（大吉嶺、錫蘭、煎茶、抹茶、焙茶、國寶茶等等任何你想得到的、想不到的都有），好處是能配合心情挑選茶具和飲品，今天泡紅茶所以用骨瓷壺、花草茶用透明的玻璃壺可以看見沖泡開來的玫瑰色澤比較療癒……

雖然都有用到，在某種程度上也不算浪費，但一遇到搬家，原本的美好就成了惡夢，所以我必須篩選出菁英來。

首先把候選人列出來，簡單寫一下名字和特色。

選手1號：無印良品骨瓷壺，容量約350毫升，簡約漂亮，我的第一個茶壺。

選手2號：大賣場購入的百元玻璃壺，容量約450毫升，好清洗容量大，最常使用。

選手3號：一保堂急須壺，容量約300毫升，日式茶壺有質感自帶濾網，第一次去日本的戰利品。

再依自己的菁英特質清單去分析比較，我是一個比較感性的人，所以注重的點會偏向物品給我的感受，也許你是邏輯理性腦的人，那列出來的標準就會和我的截然不同。

1. 使用上是否順手

物品存在的目的是要被使用，如果有一些使用上的缺點，我會無法獲得滿足，而想去尋找更好用的物件。所以實用性一定是判斷的首要條件，可以從使用頻率和有無缺點來思考。

2. 願意花費時間和精力在它身上

除了享受物品帶來的好處外，我們對於它也有維護的義務，物品多半需要妥善照顧才能長久使用，我會問自己在很忙很累的情況下，也願意花費時間和精力在這件物品身上嗎？越喜愛一件物品，越樂於為它付出。

3. 它的存在就是一種療癒

身為一個守護神是維納斯的金牛座女子，物品除了實不實用外，是否具有一定的美感，對我來說至關重要。我相信，美麗的物品光是存在就是一種療癒，如同花朵般妝點著生活。

4. 有滔滔不絕的故事和心得想與他人分享

心頭好的物品，自然會想和他人分享自己的使用心得和經驗，這也是為何許多人樂於分享自己的愛用品一樣，而有故事性的物品能帶來更緊密的連結，經過頻繁地使用也能創造無數的回憶，就算未來這個物品舊了、不如當初亮麗，仍不會喜新厭舊。

三個茶壺取其一，最後我選擇留下來的茶壺是最素雅最小巧的選手3號急須壺。玻璃的儘管順手好用、但外型並不讓人怦然心動，骨瓷壺雖然外型美也是最悠久的茶壺，但是開口小清潔不易，實用性上有些缺點。而急須壺擁有目前的我喜愛的特質，像是霧面、手作的質感，還有純粹的本色。前一陣子，這個茶壺不幸被先生帥哥打破，我幾乎毫無猶豫地當下就下訂一個一模一樣的茶壺，事實證明了這是真愛！

正因為是我們自己心目中最在乎的需求，得出的分數越高，對你來說這項物品與你目前生活的連結度就越高。我們常常無法捨棄物品，很多時候並不是物品本身如何，而是我們和物品間的連結感，這也是為什麼丟別人的東西很容易，處理自己的就頻頻卡關。

當你明白自己與每個物品間的距離是遠是近時，就容易判斷多了，就算無法立即做割捨，也會理解到物品的優先順序——「原來就是因為這樣，所以我平常總是拿用這個，而不是另一個啊！」這已十分足夠了。

我的斷捨離大魔王

在減物的過程中，每個人都有一些放不了、丟不下、捨不得的物品，尤其在度過新手村後，需要面對的很可能有一半以上都是這樣魔王等級的物品。

魔王物品可以分成兩類，一類是過去式的回憶物品，另一類則是「哪一天會用到的」未來物品，拿人來比方，前者是舊情人，後者應該就是假情人，兩個聽起來都不太妙是吧？但總是有辦法可以解決的。

對有些人來說，大魔王是充滿回憶和感情的物品，像是相片、畢業紀念冊、卡片、朋友送的禮物這一類的，我的話正好相反，反倒是那些想著「哪一天會用到的東西」讓我頻頻卡關。

我從以前就有一個壞習慣，在開始一項新興趣或者進行某個作業的時候，總是喜歡先把東西全都備齊再開始。「工欲善其事，必先利其器」，簡直是我的口頭禪。

如果是會持續進行的興趣倒不打緊，棘手的是那些三分鐘熱度的家私，那裡一點，這裡一點，慢慢堆積。演變成在我斷捨離時，它們已經形成一座一座手工藝用品大樓的驚人模樣。當然，有些我很清楚不會再碰，就能果斷放手，比方說只用一次的手鞠球材料。

真正感到困擾的是，那些想要進行，但不是「現在」的物件。

我過去很熱衷於寫手帳，出去玩的時候，一定會帶一個L型資料夾，裝旅途中拿到的車票、門票和各種紙片，如果可以還會多拿兩三份。我們這類的人都笑說自己是拾荒者，最喜歡到處撿破爛，這樣在創作時，就可以有許多的素材能夠運用。

每次整理，即便知道丟不了什麼，我還是會把那堆材料攤開來一張一張瞧瞧。「這張的地圖也太漂亮了」、「這個圖案好像可以當主視覺」、「金閣寺和銀閣寺的門票做得像符咒，這一定要留」、「嵐山的大覺寺就像平安時代的宮殿一樣，導覽冊也好精美~好想再去一次啊」……一邊篩選一邊讚嘆，一邊空想旅行，最後又默默地把那堆收好，放回原位，不斷repeat無數次。

直到有一天，我突然意識到，不對啊，都過一年了，真的想寫早就寫好了。既然每次看到這些東西，都一而再再而三地提醒我要去寫旅行手帳，但明知道自己沒時間寫，幹嘛還留著它們。要是未來想寫，下一趟再開始，不是更輕鬆嗎？

糾結了這麼久的東西，在那個moment終於想通了，於是整堆連照片都沒拍就直接送去回收，乾脆地跟它們say goodbye。若說我有不捨嗎？還真的沒有，反而是鬆了一大口氣，一個人雀躍地在客廳跳來跳去，如果室友看到可能會以為我發票中獎了。

這時才知道，原來這些物品給了我多麼大的壓力。書上說的果然沒錯，放下不是結束，是給自己一個全新開始的機會，想要嘗試新的東西，不用再去想著自己要先消滅待辦清單，想衝就衝沒有顧慮，多自由啊。

也因為這次的經驗，讓我同時果斷放手了一拖拉庫的未看書籍，自我吐槽：「不要騙自己了，真的不會看的，想看再去把它買回來。」結果那些書，過了這麼多年，我到現在還是不想看它們。

書也是有最佳賞味期限的，過期了硬吞下去只有痛苦，不騙你。

勇者出發！擊退大魔王

每個人或許多少都玩過打怪遊戲，通常隨著自己等級的提升，遇到的魔王也就越厲害，從「一下能打死」到「常常失敗，破不了關」。我們會因為幾次打不過就不玩了嗎？當然不會嘛。

多數人的做法大概是這樣，第一想辦法去了解魔王的弱點，打到痛處；第二買裝備或道具，試圖提升自己的技能。單打獨鬥不行，就跟盟友團結合作。

舉個例子，我的另一半帥哥在遊戲中沒什麼課金（奈米課等級），世界很現實，沒花錢怎麼練就是贏不了那些花了好幾張台積電或房子頭期款的大課長，但憑著管理能力和持續不斷地練功，還是當上了一國的盟主，底下有許多厲害的夥伴，還和其他聯盟結盟，一起團結打王、攻打敵隊陣容。他說就是因為有高低起伏遊戲才好玩，要是都順順地打，太沒意思了，玩沒幾天就想退坑了。

如果我們把斷捨離想像成遊戲之路，不也行得通嗎？持續修練累積經驗值，遇到打不贏的魔王不急著舉白旗，先試著擬作戰計畫，全力運轉腦袋瓜，揪出卡關之處，一一化解它。

1.「有一天」魔王

難度等級：★★☆

必殺技：總有一天會用到

還沒看的書、瘦了可以穿的衣服、學生時代的吉他、滿額禮送的小家電……這些物品都有機會幻化成「有一天」魔王。它們的特色是有著嶄新、精良的裝備，每次對付它都會使出「總有一天會用到」的必殺技，直攻我們未雨綢繆、不想浪費的天性，出現「壓力很大、失去空間」的傷害。

破解的方式就是讓這個有一天實現或消失。認清自己沒時間沒機會使用的事實，轉手賣或送給有需要的人。若真的想用，不用想那麼多，立馬拆開包裝、擺到最顯眼的地方，直接用起來。

我碰到「有一天」衣服時，常常會隔天穿出門，舒不舒服、適不適合、有沒有哪裡怪怪的，當下就會反應出來，穿了一天受不了，回家毫不猶豫就打包準備趕出家門。從捨不得的心態，轉變為解脫的暢快。

2.「回憶殺」魔王

難度等級：★★★

必殺技：我要留下來做紀念

比「有一天」更高一等的「回憶殺」魔王，充斥在你我那些久未開啟的抽屜和櫃子，它可能是手帳、卡片、手寫信、畢業紀念冊、旅遊紀念品、偶像周邊、豐功偉業的證明，雖然本身可能其貌不揚，沒什麼實際功用，但一看到它就會不自覺地陷入回憶迷幻技中。

我遇到最棘手的回憶殺魔王是一張交換留學的學生證和日本在留卡。小小的兩張卡片，讓我想起當時是多麼努力打工賺錢籌留學資金、課餘時間盡全力念日文通過檢定考、說服媽媽同意讓我延畢、那些有趣的日本老師、和同學一起趕作業的種種回憶。

某天，看著這兩張證件時我突然想通了。我過去的努力會因為丟掉它們就消失了嗎？不會的，難忘的回憶永遠都會存在我的腦袋中。有需要這兩張卡才能證明我曾經在日本留學的事實嗎？留學是我的人生清單之一，難道我實現自己的夢想還要跟他人證明嗎？不用嘛。若真的有需要，過去的經歷造就了現在的我，「我」不就是最好的證明？

在一番激烈的內心小劇場後，我拿起剪刀，喀嚓、喀嚓剪斷這兩張卡片，果決地丟進垃圾桶。從此之後，就算出現等級再高的回憶殺魔王也難不倒我了。

面對回憶殺魔王的最佳解法，就是累積經驗值，時間到了，突然想通了，自然就能破關。在這之前就把它好好放在某個小角落，讓它不妨礙到生活，靜靜等待時機的到來吧。

3.「大長老」魔王

難度等級：★☆☆

必殺技：還能用不想換

「大長老」魔王你我身邊都有，尤其長輩家更多。這隻魔王的特色在於，有點殘破，相處起來不是很舒適，卻因為習慣了、有感情而無法放手，一點一滴的不方便累積起來，讓我們總覺得生活中哪裡怪怪的，卻說不上來。

我的大長老魔王有點大隻，是一顆睡了十五年的方形枕頭。只要聞到枕頭套上的味道就可以讓我一秒入睡，枕心也因為長久使用記憶了我的頭型，是我專屬的「記憶枕」。只要是需要在外長住的時候，我都會帶著它出發，幾乎形影不離。

我一直以為它會跟著我一輩子，但這些年來，開始覺得它怪怪的，有時候會讓我睡不好，不再像以前那樣零缺點。我試著買一顆有著類似觸感和高度的枕頭睡睡看。第一晚，我真的沒有我的小枕枕睡不著，但沒想到第二晚之後，我又恢復一覺到天亮的好睡體質。小枕枕就這樣成功地斷捨離了。

破解大長老魔王的方法，很簡單，可以試著先找尋新的接班人，有了比較，就能認清現在使用的東西真的不ＯＫ，放手起來就容易多了。惜物雖然很好，但物品存在的目的是讓我們擁有方便的生活，對生活的不便抱持著高度敏感，適時汰舊換新也不賴喔。

當卡關的時候，不妨把物品想像成一隻又一隻的魔王，用愉快趣味的態度去面對它吧！

找到自己的穿衣風格

可能是因為成長環境的關係，在大學以前我對穿搭不怎麼敏感，一方面也是因為在學校都穿制服，自然對便服沒有多大的需求。平常衣服鞋子都是由媽媽幫我張羅，我連自己穿幾號都不知道，她買什麼我就穿什麼，加上我們倆身形差不多，有時候也會揀她穿不下的衣服。兩件牛仔褲和幾件T-shirt、外套就安安穩穩地過了好幾個春夏秋冬，穿到壞、不能穿了才買新衣服，若要單以數量來評斷的話，我那時候還真的是「極簡」。

在開始自己買衣服的新手村階段，往往會因為不夠了解自己的身形、適合的顏色版型，或不夠堅定自己的喜好，只因為他人的意見或人人都有，而買了跟自己一點都不搭或不怦然心動的衣服，就算當時一年四季衣服總數只有五十～六十件，但穿出去的模樣我其實並不滿意。

也因此在斷捨離的過程中，我更著重在「找到自我風格」這件事上。

在接觸許多關於斷捨離和極簡主義的書籍或影片時，我發現實踐減法生活的代表性人物都有一套自己的穿衣風格，像是蘋果前執行長賈伯斯總是穿著黑色高領針織衫和牛仔褲，怦然心動整理術的近藤麻理惠一律是裙裝，而日本代表性極簡主義者的佐佐木典士，衣櫃裡清一色是白襯衫和黑褲，又或者日本No.1男公關羅蘭，只有一套衣服——黑色訂製西裝外套搭配黑色T-Shirt和Uniqlo黑褲。

服裝好比一個人的名片，這些人的穿著打扮不僅適合他們，也非常有記憶點，就算不走極簡、斷捨離，在資訊爆炸的時代，無論在職場、學校、朋友間，有記憶點、有個人特色，也是一個必要的元素，才容易獲得更多機會。

實踐簡單生活，不見得都要穿一樣的衣服，也不是說不能享受穿搭的樂趣，相反地這是一條通往任性、自由穿搭的輕盈之路。

找到自己的穿衣風格後，可以讓我們花更少的錢在買錯衣服上，花更少的時間糾結衣服怎麼搭配，卻能夠時時刻刻都以完美的姿態登場，即便今天不小心睡過頭也是。這樣輕鬆自在的生活對我來說很具吸引力，而且也「意外」發現根本不需要那麼多衣服。

衣櫃裡的衣服跟我說著同一種語言嗎？

如果你有看過我的衣櫃，可以發現顏色不外乎是藍色、白色、棕色和綠色，最多的圖樣是條紋，而且限定「深藍╳白底」。款式只有少數幾種：裙子、襯衫、基本剪裁的上衣、針織外套，模樣也都長得差不多，風格十分明確。

若把時間倒回到二〇一八年，可不是這副模樣。

那時候，我剛看完《時尚斷捨離》這本衣服減法的啟蒙作品，從書中學習到了四個重點。第一，只有少數的時尚人士需要千變萬化，一般人大可不必，除非你有很多錢跟時間。第二，根本沒有人會在意你每天都穿一樣。是的！我連自己前一天晚餐吃什麼都忘記了，更何況是他人的穿著，如果真有人說你都穿得一樣時，反而是種稱讚，代表你已經有了個人風格。第三，人天生比較容易記住負面的事情，先前努力維持的形象都會因為一個不小心的穿搭失誤毀了一切。第四，理想的衣服數量是五十～八十件，超出這個數目就會產生管理上的障礙。

我第一次好好審視衣櫃的時候，雖然數量上早已達標，但如果是以「衣服是否跟我說著同一種語言」的角度來看，大概有一半是不合格的。

比方說我根本不喜歡粉紅色，就因為朋友一句：「你的衣服都是藍色的，應該要買點不一樣的顏色，這件買粉紅色的比較好喔。」而下手一件粉紅色毛衣。雖然剛開始還滿常穿的，但它和自己的其他衣服實在太跳tone，不敵時間的考驗，漸漸打入冷宮。

又或者是好多好多的童裝，對，你沒看錯，二十三歲的人還在穿童裝。一方面是因為我身材卡在小朋友和大人之間的尷尬尺寸，另一方面也是童裝比較便宜。這件事不說又沒有人知道，但即便別人不知道、可能也不在意，我心理上就會有一股疙瘩，只要產生了這樣的心態，在外人眼裡看來會覺得你這個人好像不怎麼有自信。

我還有許多媽媽買的衣服，像是運動品牌服飾、她穿不下的衣服等等，明明不符合我的個人喜好，卻也從大學穿到畢業了……

直到這時我才意識到，以前整理衣服根本不會考慮到適不適合自己，只會想著還能不能穿，畢竟還是學生，將就著穿可以省點錢，拿去買其他更想要的東西。

難怪之後回到學生時期打工的牙醫診所時，醫生說：「你現在穿得很有氣質，很好看耶（那天穿白色立領襯衫和綠色裙子），整個人都變漂亮了，以前還真是『不好說』。」謝謝醫生的說話直接，對當時自我風格雛形剛建立起來的我來說，是很大鼓舞。

找尋命定的招牌服裝

命定招牌服裝的靈感來自賈伯斯這些總是一號服裝的極簡主義者們，我承認無法天天都穿一樣的衣服，但可以將類似的元素集結在我的小衣櫃裡面，這也是造就個人風格的關鍵。

「條紋襯衫＋深藍色長裙」是最能代表我的招牌服裝，有如戰袍般的存在，一旦遇到初次見面的人、重要的場合、與朋友的聚會，下意識地都會伸手拿出這套。

為什麼會這麼喜歡？無非條紋、藍色、襯衫和裙子，每一個都是我最喜歡的元素，同時也呈現了我的個性。

藍色和襯衫代表著沉穩和知性，藍色是海洋和夜空的顏色，象徵著無限的包容力，期許自己是一個隨和、能接納萬事萬物的人，但這可不代表沒有原則。襯衫和藍色總給人一種冷冰冰、有距離、內向的感覺，然而透過裙子和柔軟天然的材質，帶來一絲柔性，產生平衡感。

命定服裝應該也要能展現個人的身形優點。以我自己為例，梨形身材，五五身，若像以前那樣穿長褲的話，很明顯會看到我的大屁屁和粗大腿，散狀的裙子則是可以掩蓋這一切，還可以自由控制腰線，拉長整個身形比例。我也試過不同長度的裙子，過長走樓梯會踩到裙襬，行動不方便；過短自己穿得不自在。最適合我的長度約莫是裙襬落在小腿肚間，搭上短靴還會露出一點膚色，瞬間從一百五十公分變成一百六十公分，長高十公分！第一次碰面的人都會說：「你本人也太嬌小了，照片上完全看不出來。」

當我穿上這套非常符合個人風格的服裝時，整個人很有自信，而且也獲得許多的讚美，包含來自路人的稱讚，這是我從未有過的體驗。證明了，這的確就是我的招牌服裝。

事實上，這樣的搭配並不是憑空出現，而是原先就長在我的衣櫃裡，我以最喜

歡的一套服裝去做延伸和嘗試，雖然也是繳了一些學費，但比以前亂槍打鳥、胡亂購買好太多了。

如果你還不清楚自己想要怎樣的風格或者適合怎樣的風格，可以先剔除掉「不喜歡」和「說外星語」的衣服，第二步就是參觀你的衣櫃，把它當成服飾店，找出幾套你現在想再買一次的衣服，務必是成套的！我自己過去的經驗發現，原本很喜歡穿的一套服裝，若是因為破損或其他緣故斷捨離了其中一件，另一件的穿著頻率也會大為降低。

從這些你挑選出來的服裝中，找尋一些共同點和你喜愛的元素，也許是顏色、款式、材質、圖樣等等，建立起自己的選衣原則，有原則地挑選衣服，自然就會產生出風格來。「適合＋喜歡＝１００％命定款」，你的衣服中有越高比例符合條件的衣服，你便會發現小衣櫃就夠讓你美美地過日子了。

從衣櫃整理解放，原來只要25件衣服就夠了

一個人究竟要多少衣服才夠？取決於個人的穿著頻率、場合需求、對打扮的熱忱以及家事習慣，很難有標準答案。我也是在簡化的過程中，意外發現自己的數量多年來都維持在二十～二十五件上下，多一點就會有冷落衣物的情況發生，少一點則是有衣服來不及乾的窘境。

擁有少量，但件件精選的衣服，帶給我無限的自由。只要不是超迷你衣櫃，不管我搬到哪裡，所有衣服都能掛著放，斷捨離掉討人厭的摺衣家事。有時候，透過空衣架的數量或留守的班底，也會提醒我該洗衣服了，不再像以前那樣積了一大堆，讓洗衣、晒衣變成一場繁重的工作。

小衣櫃也教會我，不需要為了他人成為百變的人，而是享受細微的變化，沉浸在自我流的穿搭樂趣中。它也讓我有餘裕可以不將就，在有需要的時候，嚴選適合自己的衣服，就算多花一點錢也無妨，甚至是支持認同的慢時尚品牌，透過消費為這個世界投下一票。

每一件衣服都是主角，同等重要，高規格對待它們，成為我們得體形象的最強後盾。

實現不用換季的衣櫃

坦白說，我對於穿著打扮並沒有多大的熱忱，只要乾淨得體、能呈現個人風格，就足夠了，所以一開始我便對膠囊衣櫃和制服化這兩個概念很有興趣。

膠囊衣櫃是利用最少量的單品搭出最大的變化，而制服化則是像學生時代穿制服一樣，有固定的幾套衣服輪流穿，或是像賈伯斯那樣永遠一套，這些都有個極大的優點，將衣櫃管理的需求降到最低，減少決策疲乏，把精力花在更重要的事情上。

省事，是我理想衣櫃的第一守則，不用換季的衣櫃則是結合膠囊衣櫃和制服化的終極懶人版。

換季本身雖然不是多麻煩的一件事，真正讓我感到困擾的莫過於忽冷忽熱的換季期，前一天可能還二十五度要穿短袖，過沒幾天又驟降到十五度，在以前如果一個預估錯誤提早換季，就需要去床底下把衣服挖出來，不然就要在衣櫃裡同時擺長袖和短袖，顯得空間擁擠。

當一年四季的衣服都好好地掛在衣桿上，等於每一件衣服都處於備戰狀態，隨時都能出任務，不管天氣怎麼變，我都能迅速地拿出需要的衣物。

實現不用換季衣櫃的一大要素在於「一衣多穿」，當一件衣服可以應對生活的各個場合，甚至各季節，自然數量就能大幅減少，這也是我在租屋時期，兩個人共用一個衣櫃空間不足的應對之道。

以季節來說，過去我有分夏天、冬天和春秋三種氣候的衣服，平均下來若以最低限度一季五套來算，三季最少也需要十五套，也就是三十件，這還不包含外套，要全部塞進衣櫃裡根本是天方夜譚。

考量到台灣以炎熱、涼爽的天氣居多，會出現十度以下低溫的機會少之又少，一年加起來可能也才兩周，為了短短的時間準備一堆衣服我覺得不符合效益。我的做法是大幅縮減冬季限定的衣物，以保暖內搭衣物和不同厚度的外套來取代。

比方說，以針織開襟衫替代毛衣，在冷氣房或春秋可以當外套，冬天釦子扣起來就變成毛衣。襯衫以亞麻和中等厚度的材質為主，一般情況下可以單穿，冬天時只要在裡面加一件發熱衣再搭外套就足夠保暖了。下半身的裙子，原先有分冬天和夏天，後來也變成一年四季通用，天冷的時候搭保暖褲襪，就算零度也完全沒問題。

有一年冬天，因為工作的關係，有一趟四天三夜的郵輪出差任務，整個旅程去了兩個國家氣溫橫跨五～二十度。因應各種季節和場合的小衣櫃這時發威了，出發前一晚，我打開衣櫃，直接把現有的衣服和鞋子一一裝進行李箱，完全不用花腦筋思考要帶什麼，因為也沒有其他的選擇，行李打包咻一下就搞定。而那趟旅程無論船長之夜、到甲板上吹海風、在五度以下的街道上閒晃，每一件衣服都派上用場，絲毫沒有白帶或不夠的情況。

這些經驗和實驗精神，慢慢推敲出我衣櫃的模樣。現在我衣櫃裡的衣服有九成都是可以應付一年三分之二氣候的款式，另外一成則是像羽絨外套、長版大衣這種季節限定的衣物，其餘是最低限度的保暖配件和兩套睡衣。

組合你的小衣櫃

當我們掌握了自己的風格後，也許你的衣服數量已經消減了大半，或者對未來要添購怎樣的服裝更有頭緒，接下來的任務，就讓我們把現實層面「空間和使用習慣」納入考量，打造更有餘裕、得以靈活運用的理想衣櫃。

你可以從以下三個面向，來組合出最適合你的小衣櫃。

1. 了解自我需求：幾天洗一次衣服呢？一周洗兩到三次衣服的話，準備四到五套就足以替換。如果你喜歡來點不一樣的變化，覺得五套太少，也可以多個三至四套。工作和生活型態有哪些場合？上班需要穿制服的話，便服的比例就會降低，平常有運動習慣也許需要一、兩套運動服。居家辦公漸漸成為常態，舒適又能隨時出門的服飾可以佔高一點的比例。無論如何，自我需求請放在第一位，他人怎麼做、有什麼品項僅供參考，最了解你的只有你自己。

2. 發揮衣服的最大效益，掌握一衣多穿：你可以只區分睡衣和外出服，減少那些穿出門也不是，在家穿又不舒服的不上不下服裝。配合台灣的氣候，薄長袖、襯衫、裙裝和中等厚度的衣服都是值得投資的單品，比重可以高一些。同功能的季節性衣物其實一、兩件就很夠了，現在的機能性衣物保暖效果都十分良好，可以多加利用。

3. 總量控管：空間決定我們可以擁有多少數量的衣服，衣櫃最完美的狀態是「八分滿」，有足夠空間能保持通風，避免衣物潮濕而發霉或產生異味，也方便拿取，不會冷落衣服。如果你嚮往吊掛的收納方式，則是可以透過限制衣架數量來迫使自己一進一出，可以選擇使用美觀的衣架，把衣服好好地掛好。打開衣櫃看到這整整齊齊的模樣，你一定會著迷於這種感覺，更有維持的動力。

小衣櫃完成後，要維持它變得非常容易，你可以選擇在每年四月和十月兩個換季期，進行衣物審視和採購。看看有沒有一整季都沒派上用場的衣服，未來是否也會面臨同樣的情況，那該不該放手呢？有缺漏的衣物，如果非當季，先不急著買，待下一季時節到來，再進行添購，有時候你甚至會發現，小衣櫃裡的東西拼一拼就能應付，根本不需要買了。

沒有書櫃的閱讀生活

對任何熱愛閱讀或愛書人來說，「斷捨離書籍」是一件魔王等級的大難關，更別說只擁有少量書籍這種不可能的任務。

小時候的我，曾夢想著長大後要有一間專屬的書房，像電影場景裡常出現的模樣，頂天立地的木頭櫃子，按照自己的習慣分類，擺滿了書籍、還要有爬梯。房間內有一張舒適的扶手沙發座椅，帶有柔和黃光的立燈，閒來無事就在這樣被書圍繞的空間裡閱讀，享受有書的日子。

但現在卻有了一百八十度的轉變，身邊只有幾本書和閱讀器，不再需要書櫃，但閱讀體驗絲毫不受影響，甚至比擁有最多書籍的時期，更熱衷於閱讀，也透過書籍幫助自己解決生活中的問題，妥善發揮書的價值。

買得多，但看得少

起初我的書籍來源大多是學校的圖書館，或者用自己的獎學金購買，擁有少但看得多。直到大學開始打工有閒錢的時候，才轉變成看得少，買得多的浪費模式。閒來無事逛逛社群、部落格、網路書店，就會被許多的推薦和感興趣的書名給打中，不管有沒有時間看書，總之，先買了再說。對某類主題感興趣時，也會一口氣買起來放著，想說之後有時間再來看——事實是始終沒有那一天。打折、書展大特價，當然是不可錯過的好時機，非得要好好採購一番，標準降低到「好像不錯看」，就放入購物車結帳，買來後才發現，跟想像的不一樣，好後悔，然後繼續閒置於書櫃中。

無腦買書的下場就是，擁有了很多書，但有五成都不是真心想看的書，在有電腦、手機和其他更好玩的活動誘惑下，更不可能選擇去閱讀這些可有可無的書籍。

那時候看到某本書中的一句話：「放手並不是終點，而是給自己一個全新的開始。」作者面對連翻都沒翻過的英文學習書，背負著沉重的壓力，給自己這樣的出口。

我也開始反思，書本對自己的意義是什麼？讓我樂在其中的是什麼？其實，我喜歡的是閱讀的過程和從中的學習與體驗，我也十分清楚自己很少會重複閱讀一本書，保留書籍對我來說並沒有多大的意義，只是徒增困擾。

加上隨著自己的成長，閱讀的偏好也會跟著改變，以前我只看小說和漫畫，還有一些日本文學作品和歷史文化類書籍，出社會後，可以看書的時間較零碎，想要一口氣讀完一本書，不太可能。面對嶄新的生活，我更需要的是能協助我解決問題、探索未知領域的工具書，過往的那些書籍的確派不上用場了。

那就一口氣，全數處理掉吧。以下是我的處理管道：

1. 讀冊二手書代售平台：這是一個可以自行決定售價的實用平台，雖然會抽取高額的手續費，但是能省下自行出貨、跟賣家溝通等後續事宜，販售所得還能在平台繼續購書，也能匯到帳戶，甚至可以選擇捐贈慈善單位，我多數書籍都是透過它賣掉的。

2. 自行拍賣、贈與：一些不適合上架到二手書平台的書，像是使用過或缺少光碟的語言學習書，我就自行上架到拍賣網站上，用一本五十、一百元的低價來販售，甚至半買半相送，意外地搶手。

3. 捐贈圖書館或單位：如果是原文書籍，前述兩種方式可能都不太好處理，整理好後，可以送到圖書館的櫃檯進行捐贈，圖書館會挑選合適的新增館藏，也會分配到適合的其他單位。

4. 紙類回收：如果真的遇到書況不佳的書或連自己都覺得可能沒人有需求的書，真的就不要造成他人麻煩了，直接回收就好。

循環書櫃和電子書

簡單生活給我最大的啟發是不會長時間持有任何的物品，在需要時讓這項物品進入生活中，然後珍惜、妥善地使用，當它派不上用場與自己失去連結時，就坦然地放手，物品會處於一個不斷流動的狀態，應用在書本上也是一樣的。

每當閱讀完一本書，我就會決定這本書是否值得長時間留存。我把身邊的書劃分成三類，分別是排隊等待寵幸的「待看區」，閱讀後等待離家的「暫存區」、決定要先留在身邊一陣子的「保留區」，並把書放在任何可以收納的地方，例如衣櫃裡、床底下、展示性平放、床邊櫃上放一個紙盒等等，等於是哪裡都可以是我的流動書櫃。

這樣做有個很大的好處，一旦過量了，就會壓縮到其他物品的生存空間，比較不容易囤積超出負荷的書籍。比方說我都會把暫存區的書放在床底下的抽屜，因為這裡也擺放了一些使用頻率過低的物品，有了空間的限制，當書籍快滿出來關不上的時候，就是在提醒我「準備要打包送出門囉」，我就會安排時間把它們一一裝箱，送去二手書代售平台，頻率大概幾個月一次。

之前租屋時，因為空間非常不夠，我使用書盒或空箱子來取代書櫃。我的書盒其實是很常見的L型檔案盒，兩個放待看和保留，暫存區則是直接裝箱，這樣一來滿了就可以直接封起來，啟程，減少許多手續。

也許你會覺得，這樣理性的處理方式不會心底不踏實嗎？我想跟你分享一位日本傳奇企業家中野善壽的想法，這位七十多歲的老爺爺也是一名極簡主義者，他不會留存任何一本書，看完的當下就會立刻處理，當他想再看同一本書時，會選擇到時候再重新買回來，好處是不佔空間，更重要的是能保持著對一本書的新鮮感。

日本小說家小川糸的簡單生活散文《這樣就很幸福了》是我買回來三次的書籍，的確如同中野爺爺說的，雖然是一本早已看過的書，但每一次閱讀又跟上一次的閱讀感受不太一樣，又多了幾分新鮮感，而在這一次我也把這本書加入了殿堂級保留區，成為我生活的典範之一，同樣等級的還有暴躁兔女王的《療癒廚房3》，留在身邊的書籍全是我想努力的生活方向。

除了紙本書外，我也愛上了電子書的便利性，自從買了閱讀器後，漸漸把閱讀的媒介從紙本轉向電子，閱讀不再受限於環境和時間，通勤、任何零碎的時間都能拿書出來看，大幅提升閱讀量，因為紙本書少了，就省下許多隱性成本，比方說，不再需要頻繁地上架打包，多了許多空間，也省了時間和處理的精力，同

時滿足擁有個人虛擬書庫的需求，對愛書人來說是一大福音。當然我也會利用線上圖書館、外文電子書訂閱服務等數位資源，跟以往相比，閱讀方式更加的多元。即便沒有書櫃，也能擁有一套適合自己習慣的理想閱讀生活，不妨一起嘗試看看吧！

打造享受斷捨離的體質

什麼時候會激發你想要早起的慾望？撇除不得已的義務外，無非是要去做一件很雀躍、很開心的事吧！

以前還住在家裡的時候，我是媽媽口中說的「睡到日頭晒屁股的人」，沒有過中午十二點是不會起床的。但某個原因，卻讓我假日七早八早就爬起來，你猜猜，那個比香噴噴的枕頭跟軟綿綿的被窩更誘人的事情是什麼？

沒錯，就是斷捨離。

一大早，室友都還在夢周公的時候，我就跑到我們的公共區域，打開一個一個抽屜和櫃子，把房東遺留下來，不知道過期幾百年的調味料、料理油、長著蟑螂蛋的抹布給一一丟掉，而不能處理的房東的杯子、餐具都挪移到其他區域，騰出一個一個空間，分配給我們三個租客來使用，明明有個大中島和收納空間，放著不用實在太可惜。

那幾個月的假日，我的休閒娛樂就是斷捨離。因為把不需要的東西丟掉、清出空間這件事，實在太愉快、太療癒了，讓我欲罷不能，漸漸地就養成了習慣。

對我來說，斷捨離是一件日常到不行的例行公事，起初是因為有趣而開始做，延續這股幹勁和熱情，持之以恆地進行，一點一滴形成了目前的狀態。直到現在，我還是願意提早起來做這件事，你就知道它有多大的魅力了！

我算是很幸運地發現到斷捨離的樂趣，但並非每個人都能如此。大概一年前，大學老師跟我分享她開始斷捨離了，卻頻頻受挫。她說：「這件事好難，我怎麼丟東西還是好多，而且家人都不一起進行。」斷捨離讓她有股無力感，不知道該如何是好。

我便跟她說：「斷捨離是一個漫長的過程，我們都是經歷過一年兩年的努力，才達到目前這樣的狀態，老師才剛開始，是最有趣的階段，所以不要有壓力。我反而覺得有東西可以丟是一件很幸福的事呢！」她說第一次聽到這樣的說法，原來之前都想錯了，以為斷捨離是一次性、有時間性的任務，既然可以無限期地慢慢來，她又燃起滿滿的動力了。

由此我觀察到，「能持續斷捨離」和「無法持續斷捨離」的人之間，最大的差異取決於對這件事抱持著怎樣的印象和心情。只要從這個關鍵下手，人人都可以打造出「享受斷捨離的體質」。

啟動你的雀躍開關

國小的時候，老師曾分享一個她實際發生的案例，為了祈求生病的家人早日康復，她便不分日夜在口中或心中默念：「希望他快點好起來。」結果過一陣子後，願望實現了。當時還是小屁孩的我，覺得這件事很神奇，也照著做。在段考前一周一直默念著：「我要考滿分，我要考滿分，我要考滿分……」別以為這是父母逼迫的，我們家採放牛吃草主義，考滿分是我給自己的期望。沒想到還真的成真了，還連續三次！

你可能會覺得這太迷信了，但我認為凡事往好處想，帶著正向思維，又不是什麼壞事，雖然不見得每次都會美夢成真，但至少準備的過程會是愉快的，套一句老話「有夢最美，希望相隨」，近年流行的吸引力法則不也是如此嗎？

我發現這樣的思維可以應用在斷捨離這件事情上，我不會想著丟掉這件東西好可惜、好愧疚、好浪費錢，而是聚焦在丟掉這個東西後，會帶給我什麼樣的正面效益。

具體來說，物品的功能是被使用，我會想成一件物品等於一個待辦清單，一本書＝閱讀它、食物＝把它吃掉、一個包包＝要背它、一件衣服＝穿它、洗它、摺它……只要一轉換，你有沒有發現，物品光是長在那裡，就多了一個壓力。如果對那個東西沒有愛、不會用，捨棄它們不是失去，而是獲得時間和空間，釋放了壓力，這是好處。

前一陣子我遇到了低潮，失眠睡不著，我乾脆爬起來拉開床底下的抽屜，這裡塞了滿滿的「待辦清單」，這些書要寫心得要分享、這個空罐子哪天要用、紙袋哪天寄東西可以用、朋友送的一片面膜要敷……我一個一個拿出來，問自己「我現在想做這件事嗎？」否定的便丟到一邊，結果有九成都是帶來壓力的待辦清單，是我目前最不需要的，於是便把它們通通處理掉了。

由於這個舉動，那天清晨我沒有因為失眠而心情低落，反而獲得了解脫，爽快無比！

要讓自己有好心情的前提是這件事情不能太困難，以利於產生成就感，讓大腦獲得它喜歡的獎勵，就能持續推動難度更高的任務。

在斷捨離的時候，如果一開始就從自己感興趣、紀念性物品下手，很有可能會挫折頻頻，你就會覺得斷捨離好難、不想繼續。比較好的做法是試著從容易的類別或者你最想著手的領域開始，比方說只要問自己會不會用到，不會牽涉到情感的物件，以我自己來說，就是文件。

只留下畢業證書、語言證明、健檢資料等未來有很大機會派上用場的文件，說明書我則是選擇只留存掃描電子檔，比起去翻找紙本文件，手機拿來一滑相對方便，還能跟家人共享。至於繳費收據、傳單、無用途的獎狀等等似乎沒有留存的必要。

此外，浴室用品、非當季的衣物、雜物也都是好入門的類別，或者可以試著一日丟一物的無痛方式，每天慢慢做一些，累積微小的成就感，久而久之，便會發現斷捨離不再是負擔，而是一件令人雀躍的事情，自然擁有享受斷捨離的體質了。

2

沒有終點的課題，慾望大魔王

購物慾就這樣消失了

會對簡單生活有所嚮往的人，多半一開始都是購物慾相當旺盛，甚至有囤物、收藏的習慣，但因為某個契機覺得這樣下去不是辦法，想要解決問題、有志於讓生活更美好。我呢，也不是天然系的極簡人，相反的，我是那種喜歡物品、喜歡購物、對物品有所依賴的人，以前曾被友人形容「喜歡買很貴東西的人」。

有一次室友和她姐姐要去日本玩，為了節省國際運費，我便請託她買新年度的手帳，雖然她對於我金錢觀有點崩壞心知肚明（因為她曾經失手摔破我的杯子，也知道我有一個一千兩百元的絕版女王杯），但聽到一本看似不起眼的筆記本要一萬四千日圓還是覺得相當不可思議，事後也常常跟其他人提起「那個某某，買了一本四千多台幣的手帳耶」，抑或是「她的杯子都很貴，我要很小心，尤其那個女王杯，我沒辦法賠」。

我甚至被封為「推坑王」。秉持著好東西要和好朋友分享的使命感，一買到什麼有趣的新玩意兒、使用後覺得驚為天人的好物，都會滔滔不絕地跟有相同興趣的朋友們聊東西的優點和使用情境，慫恿她們趕緊下手一起「入坑」，腦波弱的友人會說：「手頭緊的時候千萬不要跟某某出去。」「我就這樣買了耶！別人推了我好幾次我都沒心動，你是壓死駱駝的最後一根稻草。」

雖然這樣說有點怪，但讓朋友們跟著一起買東西是我的生活樂趣之一，我們的休閒娛樂總是繞著買東西在打轉，常常一起湊免運、分享戰利品，也會為了想要的東西努力打工、努力存錢，甘願吃土。購物慾對當時的我們來說是生活的動力之一，有了它讓我們可以被喜愛的物品包圍，每天都過得很充實美好。

開始整理手邊物品的時候，我同時重新審視自己的消費習慣，有了這個反省的過程，才會了解到購物慾一體兩面。是不是有許多糾纏已久的困擾源自於它呢？沒時間做重要的事，因為總把時間拿去買東西，沒錢投資自己，也是都把辛苦賺來的薪水灑出去買些可有可無或只為了向他人證明自己的物品。

我們不可能無欲無求，沒有慾望會少了許多刺激和衝勁；過多慾望，又會迷失自己承受龐大的壓力。不逃避它也不沉迷於它，讓我們一起來好好面對它、處理它。

當個購物慾守門員

對購物慾使出強烈攻勢，是斷捨離進行了三個月後的事情。

那天我日記的標題是〈ＩＧ大翻轉〉，內容寫著：「以前ＩＧ都是文具、手帳，現在看起來似乎有點煩，於是退追蹤了很多人，ＩＧ要弄成極簡主義者的淨土，看那些人的家、如何斷捨離，會讓人跟著保持熱忱，還可以學到一些東西。」

身為文具手帳控，無論臉書還是ＩＧ，都追蹤了一大堆的相關帳號和粉絲專頁，也加了好多紙膠帶分裝販售的社團，只要一點開，就是鋪天蓋地的新品開箱、墨水試寫、紙膠帶拼貼應用等等誘發慾望的資訊，說誇張一點，當時我的社群媒體就好像一本又一本的商品型錄，反覆提醒著「有這個東西喔！」「它很好用喔！」「只要是文具控都應該要有喔！」每天不斷洗腦，我當然不自覺地想要消費。

然而，經過了斷捨離的洗禮，有了思維上的轉變，以前覺得自然甚至感到歡喜興奮的內容，在那一刻突然厭煩了起來，我開始有了反擊。

我花了很多時間一一點開各個社群媒體，退出所有跟買東西有關的社團，包含許多文具手帳的帳號，電子報或廣告信等等也都不厭其煩地取消訂閱。

按下追蹤很簡單，有時候商家甚至會自動幫你訂閱，一旦要退出，可就沒那麼容易了。像是很多的電子報服務都需要登入原先的網站到會員專區才能取消，萬一忘記密碼，這件事可能要花上十分鐘才能解決，一犯懶就會想說算了。

所以說，想要拒絕這些不請自來的傢伙，從現在開始主動出擊，務必要「取消勾選訂閱電子報」、「不加入Line會員」，不讓「邪惡勢力」有機會潛入我們的生活。

任務還沒結束，別忘了還有一個激發慾望的來源——那些身邊的敗家好夥伴。我算是誤打誤撞做對了一件事，就是在社群媒體分享正在斷捨離的訊息和極簡心得。告訴朋友們我最近看了什麼很有啟發性的日劇、丟東西的樂趣、斷捨離四個月的改變等，並且持續地更新，代表不是三分鐘熱度，是動真格地在做。

如此一來，只要是真心為我好的朋友，都會避免跟我談到買東西、揪團湊免運之類的禁忌事項，她們在送禮物的時候，也會多加留意給我「會消失的東西」或直接詢問需求，不造成我的困擾，真的很感謝她們。

其實也不太需要擔心這樣的做法會「討人厭」，當自己對於購物抱持著理性態度時，反而可以客觀提供朋友消費上的建議。你想想，大部分的人都鼓吹買東西，興頭上時還在一旁煽風點火，說快買快買，這個時候如果有人冷靜地跟自己分析商品的好壞，提供替代物品的建議，幫忙省下一筆不必要的開銷，我想沒有人會不喜歡這樣為自己著想和省錢的朋友吧。

在消滅環境的干擾後，我又默默做對了一件事——把自己的生活塞得滿滿的，滿到不能再滿的程度。

化身為斷捨離魔人的時候，撇除上班，其他時間我常常用來整理和打掃家裡，不然就是閱讀相關的書籍和影劇，還有把心得和過程寫成文章在部落格分享。同時，我也報名了期盼已久的弓道課程，每周六早上七點半起床，搭一個小時的車從永和到南港去上課，甚至還在下午安排了日語課程，但後來發現時間上太趕、加上要預習上課的內容，無法負荷就退課了。

之後，又接到學生時代打工過的牙科診所電話，醫生詢問我可不可以像以前一樣，平日晚上抽空兩天到診所去幫忙，因為他年紀大準備要退休，新人不好培訓，就來問問我們這些老員工有沒有意願。可以賺錢又是熟悉的地方，我當然答應了。

正職下班後趕著去兼差，假日還經營著許多興趣，也交了男朋友、考了語言檢定，整個聽起來很瘋狂對吧。但也因為這些與以往不同的選擇，滿腔的購物慾就這樣消失了，讓我了解到原來只要用心經營生活，就能無痛辦到啊。

到現在雖然沒有兼職，但我也是斜槓經營著社群媒體、每天下廚當個稱職的新手人妻，不忘持續享受我的休閒娛樂，還有撰寫這本書，這些事情比買東西還要好玩太多了。

如果你對旺盛的購物慾感到困擾，與其運用意志力去壓制它，不如像打太極一樣，為自己找到新的生活目標，也許是學習新的技能、培養興趣，把那些延宕已久的事情拿出來做，又或者好好生活為自己做頓飯、提前一站下車走路回家、書寫日記，都可以是你舒緩慾望的有效處方。

物慾滅火器

如果世界上，有一款專門設計給「物慾」的滅火裝置，一定會成為暢銷全球的熱門商品。

我們當然都知道有需要才買、現在會用的優先、錢要花在刀口上、你的消費都在為這個世界投票等等一堆說法。

說歸說，但當你陷入某種絕境，已經費了百般努力都無法解決時，如果出現一個「也許」有助於擺脫困境的酷東西，google一下又滿是推薦、好評的心得分享，這時你一定很難克制自己往理智的方向思考。

就算問自己「是否真的需要、會用到嗎？對自己有幫助嗎？」答案肯定都是

yes，因為一頭熱總是會合理化一切。

最近，我很想買一個東西——30分鐘的沙漏。聽起來有點廢，但請聽我娓娓道來。起因是看了本談時間管理的書，書名叫做《生時間：高績效時間管理術》，裡面提到讓自己保持專注的方法之一是讓時間可視化，在不使用數位工具（分心的來源）的前提下，可以利用傳統的指針式裝置。作者買了一個有刻度的時鐘型倒數計時器，不會逼逼叫，也沒有數字倒數計時的視覺壓力，扭一下就可以開始計時，多棒的生產力工具啊。

隔幾天後我靈光一閃，心想：「沙漏不也是這樣的存在嗎？」立馬google起來，還真的被我找到有著簡約外型、和房間很搭、價格又合理的質感沙漏。如果有了這個，在想要專心寫作時，順手一轉擺在桌旁作為一個開工小儀式，就算時間到了，也不會逼逼叫中斷思緒，看著沙子緩緩地流瀉下來，不也有帶來療癒、平靜感的功效嗎？諸如此類的美好幻想在我的腦袋瓜中熱情上演。

這時理智小天使出現，說：「一時興起的東西之前常常失敗，先緩緩喔。」「這功能單一，除了計時不能做什麼，要想清楚喔。」「先試試看專注app或其他類似方式看看，也許沙漏不是最佳解方。」

總之，我忍了下來，沒有衝動下手，但買沙漏的念頭還是不斷盤旋在腦中，截稿日迫在眉睫，我真的好需要專注寫作的時間。

沒想到，最後讓我慾望全消的是同事隨口的一句話：「你房間都那麼小了，不要再買了。」指的雖然不是沙漏，但直戳了我現在的痛處，火就這樣滅了。

沒錯，我們房間就這麼小，就算是丁點大的東西，一個一個累積起來也會吞噬掉好不容易留白的地方，東西多就難打掃，要花費更多時間處理，這樣一來我可以專注的時間就會更少了，稿子只會更加難產，弊大於利，毋湯毋湯。

那麼，我用什麼替代沙漏呢？答案是「現有的廚房計時器」。

轉到三十分鐘，一旦按下開始就什麼也不想，隨意把腦海中的想法敲打出來，一小段一小段地打著，逼逼逼的休息提醒聲，有點像學生時期的鐘聲，其實也不賴嘛。

一秒滅火的魔法話語

自我提問需求有時候並不靠譜，一旦在興頭上總會腦補各種好處，冒出千奇百怪的藉口試圖合理化，這時不妨與執著的物品拉開距離，俯瞰現況，想想現階段的自己有什麼樣的痛處。

比方說想要努力存錢擺脫月光族，你的滅火器可能是「沒錢還買？」如果某樣物品需要先建立新的習慣或耗掉你不少的時間，推測你我都是時間永遠不夠用的忙碌一族，也許可以提醒自己「你哪來的美國時間？」「先把該做的事情做一做，再來考慮。」

身為料理新手，這陣子努力研究各種食譜，去全聯或好市多，看到什麼都想試試看，不小心就提著大包小包出來，明明只有兩個人吃飯，卻買了要兩、三周才吃得完的量，或者買了根本沒有時間去嘗試的新食材。

比方說一大袋的彩椒，原先想要做醋漬彩椒，烤蔬菜也不錯，但家裡的醋漬小黃瓜根本還沒吃完，而且要做醋漬還要先消毒瓶罐，事前步驟很多，時間根本不夠用。至於烤蔬菜，其實我們沒有那麼常吃，不符合飲食現況。想當然耳，彩椒一不小心就放到壞掉、發霉，只能忍痛丟棄。有一次還把好幾條牛肋條放到臭酸，牛肉多麼貴啊，當天心情整個down到不行。

每次自己又忍不住想買新食材時，我都會立馬出動滅火器：「冰箱還有一堆快壞掉的東西喔！」聽起來似乎有點暴力，但以我親身經驗來說，越刺耳效果越好，反正是對自己說嘛，沒什麼大礙。

每當想要某樣物品的時候，就隨手按下你的物慾滅火器，往小腦袋噴灑吧。

如何擺脫錢到用時方恨少

以前，每當長輩們說要存錢為未來做準備時，我就會在內心murmur：「存錢不知道要幹嘛？更何況我的收入又不多，努力存也才那麼一些些，還不如把錢換成自己喜歡的樣子。」完全沒有替未來做打算，直到遇到像留學這種必須要用錢的大事時，才捶心肝後悔：「如果那時候怎樣怎樣就好了……」

自己為什麼總是亂花錢，我覺得很大的原因是沒有目標吧？而讓我真正感受到有存錢目標的人和月光族的差距是在二十五歲的時候。

我大學最好的朋友，某天突然在閨密群組說：「ㄟ，大家，我買房子了。」雖然只是小套房，但也要個八九百萬，望向我沒幾萬塊的戶頭，那個衝擊感你大概可以想像得到。後來才知道，她早在二十歲的時候就開始看房，心中默默立下五年後要買房的目標，為了存到足夠的頭期款和裝潢費用，打工、投資、找薪水優渥的工作，一步一步前進，最後順利實現計畫。

閨密群組中的另外一位，最近也買了二十多坪的預售屋，我覺得她最厲害的一點是，在這之前她還完了四十八萬的學貸，這可不是一筆小數目啊。

儘管目標可以激發存錢的慾望，但不可能人人都剛好有目標。心想我雖然沒什麼遠大的志向、非得賺很多錢，但至少可以從幼幼班等級的節流開始，導正自己的消費行為，練習把每一分錢都花在刀口上，能存到多少錢，就順其自然。

反思每一筆消費

理財的第一步是記帳，其實自從大學有了固定的生活費後，我都持續利用紙本或者手機app記帳，而且記了至少五六年的時間，但可想而知，我的記帳環節應該是哪裡出了錯誤，不然不會越記反而花更多錢，變成記帳歸記帳，花錢歸花錢，永遠是平行不相交的兩條線。由於沒有成效，覺得白白浪費時間和精力記帳，後來也懶得記了。

原來我都做錯了，我只是為了記帳而記帳，根本沒有思考記帳的意義。記帳是為了讓我們了解金錢的流向以及反思自己的消費行為，藉由這些自己建立起來的資料庫，影響我們對金錢的運用和規劃，我的記帳只停留在「記」，沒有做到後面的重點，比起把目光放在「花了多少錢買什麼」，更重要的是自己「為何而買」、「買了這樣東西對我的生活有幫助嗎？」

我利用google表單做了一個陽春版的記帳問卷，填入了消費時間、金額、品項、分類，最後一欄多設了一個反思提問：「我真的需要購買這個東西嗎？」以1～5分進行選填。

一個月下來，發現會填滿分5分的多半是生活必需品，比方說三餐、日用品、交通費等等，但有時候早餐我也會填1分，因為買了沒有吃而浪費掉了。書籍就妙了，有的5分、有的3分，5分的往往是解決當下迫切問題的救火之書，分數低的就是那些很容易過了最佳賞味期限的可有可無書籍，只是一時興起或湊免運的購物。

有一筆我印象非常深刻，是圖片拼接的app，我根本想給它0分。它是付費制的，當下急需使用，沒想那麼多先說yes，結果後來忘了解除，過了試用期就自動刷了一千元，看到跳出的刷卡通知，我才突然驚醒。也因此學到教訓，不打算持續使用的，要在當下立刻做出處理，不然一開始就不要貪圖那點方便，錢都是這樣不小心流失的。

分類的部分，我設計成「工作、家庭和個人」，因為想了解我在生活三大面向的支出有多少。我的邏輯是這樣的，通勤的車費、工作日的午餐和早餐，甚至想喝飲料抒抒壓都屬於工作，便發現其實領到的薪水要扣除這些成本後，才是我的實際薪資，若再除以工作的時間數，會得出一個結論——時薪比自己想的還要低非常非常多。套用常見的消費公式：想買的東西÷時薪=需要工作多久才能買，試著帶入「實際時薪」。

「天啊，我竟然要賣命這麼久才能買到這個，這東西真的值得嗎？」這讓我更加帶著理性腦看待每一分錢。當然，也會開始思考這份工作，值得我花費這麼多的成本投入嗎？是不是有更好的選擇或工作模式呢？

如果你對自己的消費有一定的理解，不太會亂花錢，也許可以試試看「精準購買筆記」。我在自己的子彈筆記裡，以月為單位規劃一個精準購買欄位，每次買下任何非日常的物件或體驗時，比方說一堂線上課程、幾個保鮮盒、一件衣服等等，我就會在上面依序寫下日期、名稱、價格和需要的原因，不需要寫太多，一行就好了。

當我開始做這件事情後，買東西前都會多加思考它值不值得被寫上去。對我來說，標題大大寫著「精準購買」，是對自己的一種承諾或約定，如果那個東西不久就變成小廢物，顯得好像在嘲笑自己一樣，看了十分礙眼，自然想避免這樣的情況發生。

腦海中自動飄出一個一個自我提問：「我馬上就會用到嗎？難道不能之後再買嗎？」「我真的有需要這個東西嗎？是不是心血來潮的念頭？」「我想買這個東西多久了？」「家裡是否有替代品呢？」

通過的，購買後寫下，問心無愧。當然你也可以在消費前寫下你的思考筆記，我自己是覺得事後寫下對我的威力比較強大，還可以順便作為記帳的用途。

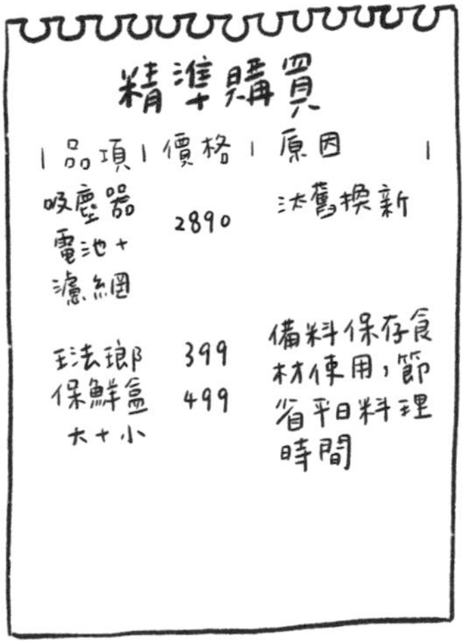

品項	價格	原因
吸塵器 電池＋濾網	2890	汰舊換新
琺瑯 保鮮盒 大＋小	399 499	備料保存食材便用，節省平日料理時間

我們平常的基本開銷其實都差不多，唯一有變動的就是這些非日常的支出，有了精準購買筆記的習慣，就可以省略一筆筆的記帳，只要每個月固定一次記錄帳戶餘額，再備注信用卡費或大筆支出就夠了。

這樣一路走來，「刀口小姐」的輪廓越來越清晰，大幅減少了花冤枉錢的機會。我對刀口的定義：「現在必要＋能獲得最大滿足感」的消費，在該花的地方大方花，不必要的地方用力省。慢慢地，從金錢的束縛中掙脫，從零開始一點一滴累積出自己的小積蓄，在需要時都能拿出錢來使用，有餘裕地生活著。

如果你對自己的開銷、購物慾也感到苦惱的話，不妨試著從反思每一筆的消費開始，練習精準購買筆記或者在記帳時多問自己一句：「我真的有需要嗎？」長時間把錢花在刀口上，你會發現就算賺的錢不多，也能享受節約的質感生活。

效期倒數計時器

理智上雖然知道東西買夠用就好，也有人提議「把整座城市當成你的倉庫」，有需要再去取貨，不要什麼東西都囤在家裡。

但事情總沒那麼簡單。就算住在生活機能便利的地方，我們還不是會給自己很多「名正言順」的理由，比方說「工作很忙不方便採買」、「時間是金錢稍微多買一些比較有效率」、「空間還有得放，多一點點無所謂吧」，而買了超出消耗負荷的量卻不自知。

尤其經歷過需要時買不到的窘境後，例如疫情期間各種×××之亂，這樣的症頭只會更加嚴重，一旦看到架上有充裕的貨源或誘人的優惠活動，忍不住就會多買好幾份備著，心想：「反正都會用到嘛，賺到了耶。」「現在不買，真的會買不到喔！」「大老遠跑來了，不買怎麼行。」

如果東西都能在效期內消耗完的話那倒沒什麼問題，但多數情況是，用不完或過了熱衷期而放到壞掉，以為自己省到錢其實花了更多冤枉錢，在食物類更顯嚴重。

我去年有一段時間，很想做巴斯克乳酪蛋糕，但身為主角的奶油乳酪偏偏「大缺貨」，住家附近的超市都找了，沒有，公司附近的超市也去了，還是沒有，明明幾周前還很充裕的啊！

每次只要踏進超市，我都會特別去巡一下，看看到底進貨沒，就這樣幾個月過去了，才終於看到奶油乳酪閃閃發亮的身影，那麼地璀璨耀眼，這次我真的完全拋下不囤貨的理智，一次買三條備著，然後不定期補貨，不讓存量低於一。

直到最近，我意識到一件事情，我們家充滿了各種即將要嗶嗶叫的倒數計時器，尤其冰箱和廚房最多。

會產生這樣的危急情況，有好幾個原因，像是過度熱衷於料理、新冰箱空間很多、想要料理多樣化、不想那麼頻繁跑超市，於是每個食材都東買一點西買一點，調味料也是那裡一罐這裡一罐。

雖然享受了物資充裕的滿足感，但畢竟我的眼睛沒有長在冰箱上，無法時時掌握效期現況。一打開冰箱，看到那些食材就好像在跟我說：「這個番茄倒數三天」、「牛肉倒數一天」、「紅蘿蔔已game over五天，記得處理」、「明太子美乃滋倒數一個月」，壓力山大。

成天在那邊哀號時間不夠用，還不都是被這些倒數計時器逼的，但罪魁禍首就是我、本、人。

剛好耳聞友人正在執行不消費挑戰。登登，雖然不消費挑戰是克制慾望，但換個角度來想，停止物品進家門，不就更能將焦點放在消耗庫存這個面向嗎？正好符合我的需求，於是展開一場為期九十天「消滅倒數計時器之不消費挑戰」。

消滅倒數計時器大作戰

不消費挑戰的遊戲規則，首先要設定「允許消費清單」和「禁止消費清單」。

一般來說，禁止消費清單會是你想要克制自己的品項，我寫下了書籍、一周內無法消耗完畢的生鮮食材、廚房用品和娛樂型的訂閱服務，這些品項對目前的我來說無法大幅提升生活品質，卻會大量耗費掉時間和精力，而且家裡庫存已經夠多了。

允許清單則是維持一般生活機能的消費品項，可以是日常消耗品、食物、交通、電話費、學習費用等等，由自己來決定。

聽起來很像苦行僧的不消費挑戰，實際執行下來並不是那麼困難。第一天去全聯採買時，對於食材的消費多一些理性，不像之前有過度美好的幻想，下手前，腦中會浮現「噢，我現在沒那個閒工夫」、「這太多了，吃不完」……寧願少買，也不要浪費，於是默默放回了一袋蒜頭，只買九層塔和豆漿，跟過去一大籃相比，克制很多。

我也把躺在冰箱裡很久的食材和消耗品一個一個排上「待宰名單」，給予特別關照。比方說，去年在好市多買的蒲燒鰻魚，只吃了兩條，還剩下六條。因為醬汁不足，單純吃鰻魚蓋飯實在略顯單薄，所以才會被打入冷宮，在不得不面對食材時，開始試著用不一樣的方式料理，實驗性地把鰻魚切一切加點醬油和蔬菜做成炊飯，發現這才是完美吃法，於是咻咻咻地就把鰻魚吃光光。又或者將剩餘的中筋麵粉、蔓越莓乾和豆漿送做堆，誕生「清冰箱版蔓越莓司康」，誰說司康只能用牛奶，豆漿也行啊！

才一個月，原先塞滿滿的冰箱就回歸到能輕鬆掌握的水位，到了第二個月時已經把所有庫存都給清空，還抓到了一周所需的食材量，我們一次採買可以有水果兩到三款，葉菜類一到兩種，菇菇一到兩包，易存放的根莖類蔬菜兩到三款，雞蛋大概兩周一盒，至於主菜的魚和海鮮，會定期購買冷凍產品，雞肉或牛肉偶一為之，真的很想吃的時候才買。意外地，替減塑生活之市場裸買做好事前準備，一兼二顧。

我發現，消耗庫存的過程中，自然會抑制物慾，當少了許多名叫「物品」的待辦清單要我去完成時，各方各面都有了餘裕，那種有「扣打」可以增加新的體驗滋潤生活的感覺真好。

你應該可以理解到，不消費挑戰並非一毛錢都不能花，而是以最低限度的開銷，來滿足生活所需，將失序的消費狀態校正回歸，每個人可以配合自己當下的狀況、想解決的問題，來設定不一樣的目標，三個月下來，我藉此消耗掉那些嗶嗶叫的倒數計時器，重新拿回了時間和空間的掌控權。

為避免重蹈覆轍，不妨在我們腦中加上一個預設值——任何有效期的東西都自帶倒數計時器。付錢結帳的那一刻，就開始生命的倒數計時，東西一旦開封了，效期會大幅縮短，倒數計時也無情地加速起來。

有了這種跟時間賽跑的緊張感，是不是就能督促我們在game over之前，奮戰一搏？或者在下手前多思考幾秒鐘呢？

人生總有萬一，要是這招行不通，不妨加碼執行短暫的不消費計畫吧。

3

營造美好的居家空間

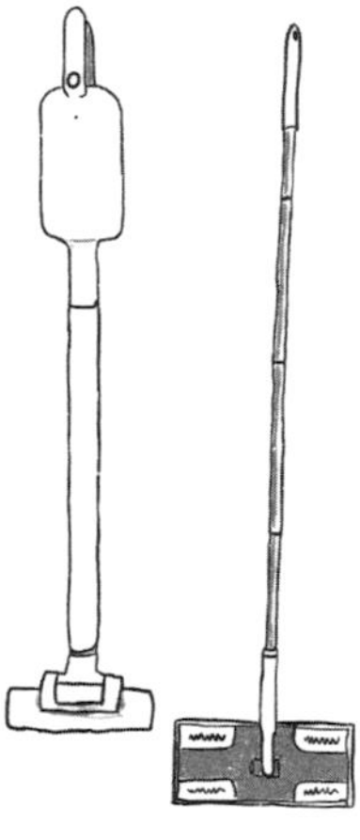

打造自己的豪宅

大台北地區寸土寸金，租屋時代為了省房租，多半都居住在比一般水準再低一點的空間，兩個人蝸居在不到三坪的雅房、三個人擠一個五坪的雅房，又或者兩個人塞在六坪的套房。狹小的空間加上爆量的物品，當然感受不到家的舒適，只覺得這裡就是一個可以睡覺的地方。

持續減法的練習，翻轉了無法喘息的空間，我們也開始試著刻意製造留白，奢侈地利用空間，而展開「在房間裡蓋豪宅」的計畫。

我們房間裡有好幾個扁型的抽屜，裡面擺了吃飯的傢伙，我稱它為「豪宅區」。首先跟你介紹我們的第一座豪宅。

這座豪宅建於二〇二〇年一月下旬，是一個日式的木造建築，空間尺寸大約為34×25×6公分，位在頂樓。為提升舒適度和療癒感，我在底部鋪了鳥獸戲畫紋樣手拭巾，上頭有一隻擬人化的青蛙和兔子，牠張牙舞爪的動作好像在跟兔子說：「納命來吧！」而兔子疑似遭受攻擊在另一頭翻滾，是充滿惡趣味的經典場景，我相當喜歡。

在布的上面，擺放了一大一小的湯匙、一支奶油刀、兩支小茶匙、兩支小叉子、兩雙木筷、一支攪拌棒，還有兩枚簡約的小鳥筷架，全都像被教官指導過一樣，整齊地排排站好。

它旁邊還有個鄰居，走的是截然不同的務實路線，沒有鋪地毯，一個蘿蔔一個坑，擺著帥哥出門會使用到的物品，像是皮夾、隨身面紙、鑰匙包、證件卡套，散落的零錢和鈔票則是有木盤

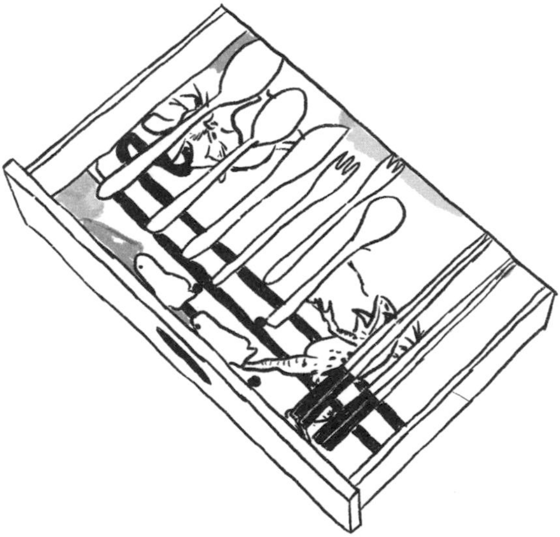

和小碟子盛裝著，不會流離失所。

至於它們的樓下，也是這樣一間一間擁有不同裝潢風格和居住成員的豪宅。看到這裡，你大概對我所說的豪宅有些頭緒了吧。簡單來說，就是讓身邊的物品，住在寬敞舒適的地方，一個抽屜只放十二件餐具、衣櫃只使用一半的空間，只要有這樣的概念，便自然會創造出留白的效果。

雖然我們家也是有許多自由奔放的抽屜或者接近滿員電車的地方，但我想盡可能在我們的小空間中，慢慢擴建像豪宅的收納區，畢竟人都喜歡居住在有餘裕的空間，把概念延伸到物品的家，不覺得很有趣嗎？

豪宅的好處

雖然明知道東西要歸位這個保持整潔的大原則，但很多時候，我們可能因為習慣還沒建立起來、不知道為何而做、懶癌發作種種小惡魔理由，而無法做到。

我發現藉由維護豪宅，可以讓人抱著愉快的心情，培養出順手歸位的好習慣。一座美麗的豪宅，每一次的擺放動作，就像在拼圖一樣，填滿空缺，只要離完成體更近一步，都能獲得小小的成就感。心想「啊，它好像住得很舒服」、「好像展示品一樣」，體會到奢侈地使用空間是一件多麼幸福的事。

不僅視覺上美觀，需要哪個餐具時，一目瞭然，開了抽屜拿了就走，順手感大大提升，而且少了翻找的手續等於是減少了餐具碰撞的機會，愛護物品就在日常行為之中。

相反的，若是物品的家處於滿員電車的狀態，會是怎麼樣的情況呢？打開也許你我都有的「謎之抽屜」，試著把這些物品想像成是乘客，他們可能有著不同的職業（用途）、生活習慣（使用頻率）、體型（尺寸），為了一樣的目的（你的需要）聚集在這裡，在這樣擁擠無秩序的空間裡，想必每個人的心情都不會太好。

一旦某位乘客因為你的召喚要下車，如果不幸他又卡在車廂的最裡頭，就得一邊高聲大喊「不好意思我要下車」，一邊奮力地擠出來，原先西裝筆挺的模樣經歷一番折磨不免帶了點狼狽。車門兩旁的乘客，勢必也得站站下車，騰出空間來讓其他乘客通行。

如果這樣的尖峰通勤日常，每天在我們的房間裡上演，不覺得很累、很費勁嗎？要完全消滅滿員電車的抽屜或許並不容易，但我們可以試著降低數量，那裡多一點、這邊少一點，維持剛剛好的平衡。以我們家來說只有一年用不到幾次的區域會是處於這樣的狀態，其餘空間，都盡可能以「豪宅」為理想。

一起來蓋豪宅吧！

豪宅的地點，我建議是越常使用的區域越好，書桌的抽屜、洗手台、一格書櫃、衣櫃一小區等等，因為每天都會看到、用到，最容易感受到成就感，從而建立起習慣。

先把所有東西拿出來，精選出要住進豪宅的成員，如果有相同品項的物品，保留用得到的數量就好，其餘的可以先收起來。豪宅的重點在於留白，我們拿整理收納普遍原則來當基準，以不超過八分滿為佳，如果可以的話，不妨試試五成左右的留白，或像博物館展覽品那樣，單獨只擺一個也很霸氣！

接著按照你的喜好或順手感，把成員一個一個安放到它們的位置上，如果豪宅的空間比較大，不妨準備幾個小紙盒或鐵盒來分隔，讓成員們都有自己的房間，記得保持一定的社交距離，這樣就完成了。

如果你對地點沒有什麼概念，以下提供三個地方參考。

洗手台：迎接美好早晨和結束一天的重要地點，這裡也是容易藏汙納垢的用水區，不妨試著精簡成員的數量，保留正在使用的牙刷、牙膏等盥洗用品，並把它們整齊排好，也很推薦用吊掛式收納，讓成員們飛在半空中，視覺上更清爽。

床邊櫃：這裡是一個物品很容易無性繁殖的角落，不知不覺就疊了好幾本書、充電線繞成一團，可能還有一些保養瓶瓶罐罐。半夜或清晨醒來，腦袋不清楚的情況下，伸手想拿手機卻總是會把其他物品給掃下桌，悲劇啊。試著只保留一、兩本正在閱讀的書籍，以及確定每天都會使用到的物品。

衣櫃：要改造一整個衣櫃並不簡單，不妨先選擇一個小角落或一格抽屜，像店家展示一樣，每件之間保留數公分的距離，按照類型、顏色或長度，掛上當周會穿著的衣物，你會重新發現所擁有衣物的魅力。如果衣櫃空間有限，也可以試著打造貼身衣物豪宅，貼身衣物的收納往往容易被忽視，可以找個盒子把內衣一件一件攤開來平放，內褲也一件一件摺好直立式擺放。當內在美被重視了，自己心情也整個都不一樣了。

也許我們沒有能力住實際的豪宅，但可以藉由在房間的各個角落擴建「豪宅」，製造留白、讓空間產生餘裕，仿造豪宅的氛圍，久而久之，你就會有處於自己舒適「豪宅」的感覺了。

六坪小房間的空間放大術

我們現在居住的地方空間並不大，房間和浴室加起來約莫六坪左右，廚房、陽台、客廳等空間都是和家人共用。不過因為生活習慣和家人工作型態的關係，為了不影響到彼此，我們的生活起居和九成以上的物品都放在自己的小房間裡，有點像住小套房的模式。

我們把小房間用得淋漓盡致，拉開衣櫃裡的抽屜，擺的不只有衣服，而是烘焙工具、乾貨食材、採買購物袋等等，除了除濕機和循環扇，還有一台不是小烤箱的烤箱，滿足我烘焙、料理的需求，有時候廚房客滿，我也會直接在房間書桌上揉麵團做麵包點心。

房間雖小，我們並不會為了有更大的空間而限縮自己，我們有很多的興趣，例如弓道。長長的四把弓就擺在書桌的兩旁，箭筒和道服則是收在衣櫃裡，床底下的抽屜則是擺最常取用的工具，我們也有各自書桌，背對背擺放，讓我們不受到干擾，專心地工作或休閒放鬆。

小房間如何有餘裕的生活，遵循著我們長期以來琢磨、實驗出來的一套原則。

留白和視覺平衡

在被各種訊息、任務、請求追趕著的緊繃工作狀態中，花個三～五分鐘的

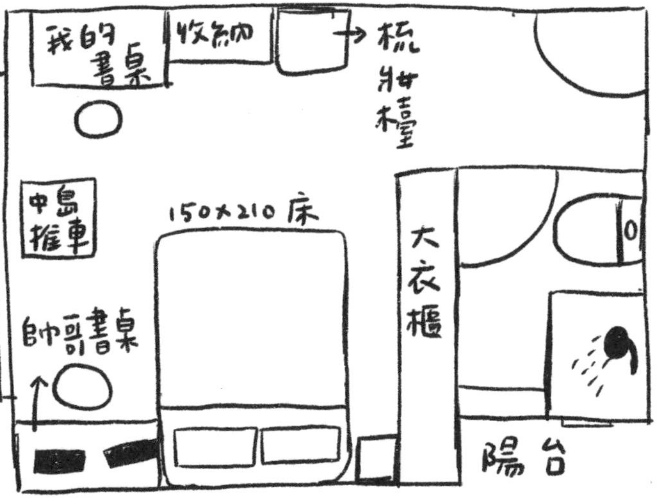

時間，親手為自己沖泡一杯飲品，細細地品嘗，再回到工作中，是不是會讓你覺得步調突然緩和了下來，增添幾許餘裕感——這就是刻意留白的魅力。同樣的套用在空間上，即便狹小、擁擠，只要在視覺重點上，安插少許的留白感，就能呈現出比實際狀態更寬敞的效果。

在我們家衣櫃門是不關的，除了拿東西方便，另一個原因是保持空間的通透性，加上我們把看得見的收納空間，都只放五分滿，越上層比例又再降得更低，甚至只擺一個收納袋或一個木盒，等於是整個房間在我們頭頂上的空間，都是留白的，當沒有壓迫感、視線所及又都是有餘裕的空間的時候，房間自然放大了。

櫃子裡不要擺東西，那生活必需品要放在哪裡呢？整理收納領域裡有一個黃金區的概念，約莫是在肩膀到腰部的距離，從黃金區至看不到的收納空間，比方說床底下的抽屜、關起門的衣櫃等等，都可以在方便拿取的前提下盡情地收納，盡量降低視覺噪音。

這裡空一點、那邊多一點，不就取得平衡了嗎？

如果可以的話，統一的色調也能減少雜亂感、有放大的效果，最好的例子就是木頭和白色系搭配的經典日系風格，由於我們現有的系統櫃和床組是深咖啡色，在挑選家具時，只考慮橡木這一類的暖黃系顏色，家電、窗簾、寢具等佔大面積的用品，也都是選用白、米色這類淺色的物件。

還記得一開始我們的房間是深灰色的不透光窗簾，走進來就好像眼前有一大片烏雲，很沉重、壓抑，後來換成透光的紗簾，一改氛圍，像是換了個房間一樣，儼然成為我們家的代表場景。

堅強的一軍

比起單一功能方便的道具，我們更偏好多功能、萬用的品項多一點，一個物品有十八般武藝，自然就不需要那麼多東西，達到少物又不失實用的目的。不管在斷捨離的取捨或添購新物品時，都會先問問自己：「我在哪些地方用得到？未來還有哪些用途？」以衡量它是否是一個可以跟著我長久奮鬥的夥伴，除非使用頻率很高，不然我會盡量避免只有一兩個功能的物件。

秉持著這樣的理念，能留存在我們房間的都是堅強的一軍，無可取代。

家具和家電往往是最佔空間的大型物件，更要遵守這樣的原則，以體積小、機能性強為首要考量。比方說，我們的烤箱，兼具氣炸、蒸、蒸氣烘烤、烘烤、發酵、清潔消毒等模式，可以烤麵包、做饅頭、烤魚、消毒玻璃瓶。有一次，我從房間端出地瓜饅頭跟婆婆分享，她說：「沒看到你用廚房啊，你怎麼做的？」我回答：「靠房間那台烤箱啊，蒸地瓜、發酵、蒸熟一台全包辦。」

其他不起眼的小東西也不能放過。打掃工具是不可或缺的生活必需品，我們家沒有除塵撢，因為我覺得要重複替換除塵布不太環保，也並非無可取代，直接用濕抹布擦拭灰塵就可以很乾淨了，一塊抹布可以先用來擦碗，一段時間後再淘汰成打掃用，如此盡情用個幾年，直到壽終正寢，不覺得這是一個敬重物品的最好方式嗎？

奉行「零閒置」

在整理收納課上學到了一個重點，每個人必要的物品數量其實都差不多，差異主要取決於閒置物品和垃圾，不追求極簡、少物，只要降低「死藏品」達到「零閒置」的狀態，就能擁有舒適自在的生活。這個概念對許多人來說可能是一大解脫，

《微型廚房的理想生活》也提到，很多人會因為廚房小，而盡量減少物品，但有時候過度精簡，做起菜來反倒效率很差。我自己就有強烈的感受，每個東西只有一個時，等於用過就要立刻洗才能接續下一道菜，搞得廚房如戰場，煮完飯都累飽了。

作者建議比較好的做法是，用具的「種類」可以少，但還是要準備一定的「數量」。在確保一定使用頻率下，我們可以擁有同品項但不只一件物品。我自己就有三個杯子，你一定覺得很誇張，但我習慣同時喝不同的飲品，可能一杯是水、一杯是果汁、一杯是紅茶，每天都會用到這三個杯子，因為沒有閒置它們，我也覺得不需要再勉強自己去進行減量。

雖然空間小，我們還是有迷你的儲藏空間，兩個抽屜、一個小箱子，來存放備品。因為空間實在很有限，備品多半精選過，只有體積小、已建立起長期使用習慣的品項可以進入，像是牙膏、牙線、過碳酸鈉等，至於洗面乳、洗碗精、保養品這類容易移情別戀的產品，一律都是用完再買。

我們家還有一個很省空間的習慣，就是不留紙箱和包材。以前我也是囤積了一堆紙袋、泡泡紙和紙箱，想說送禮或寄貨時可以用到，後來想想這些東西，太容易取得了，如果短期內沒有需求，根本沒必要留在家裡。每次我需要寄件時，就會直接到社區的回收場去撿包材，各式大小的紙箱應有盡有，連泡泡袋也都找得到。唯一的缺點大概是，會被鄰居多看兩眼罷了。

大房子有大房子的好處，但也有難打掃、需負擔較多金錢成本的責任，小房子空間有限，有了限制反而讓我覺得可以更明白什麼是當下最重要的，無論是實體物品還是抽象的，有意識地生活著，感受平凡日子的點滴幸福。

順著自己的習性來收納

一開始我對收納也沒什麼概念，覺得只要東西少一點，再來怎麼收應該差異不大吧？就這樣看著網路上日系居家收納的照片，依樣畫葫蘆地擺，跟著把東西排排站、用統一的收納箱把東西做分類，不常用的東西就收到床底下或櫃子裡。

我得出一個看起來美觀的收納成果，至於使用起來呢？大部分時候，用起來都不礙事，但有些時候會覺得好像在勉強自己把東西放回去。

後來，我出於興趣，去上了整理收納課，才認識到「收納要以人為本」這個概念。老師舉了一個案例讓我印象深刻，她曾經去整理一個滿屋子是物品的家，詢問委託人為什麼有一個大櫃子放在行走處時，全家人都說不知道，很久以前就放在那裡，習慣了，就這樣無意識地忍受不方便，這其實是典型的「以物的角度」來思考。

收納說穿了，就只是把東西放在合適的地方而已，讓自己或家人（任何使用者）好收好拿，便於使用身邊的物品，如此一來就能夠養成物歸原位的習慣，擁有舒適好生活的空間，不必再花時間找東西和遠離整理地獄。

斷捨離讓我了解每個物品存在的理由，收納則是啟發我，東西也要有擺放的理由，時時思考自己有著怎樣的習性，找出相對應的收納方式，不硬逼自己去做不喜歡的事，實驗、修正、再實驗、再修正，長時間下來就會理出一套自己的收納原則。

消滅不喜歡的步驟

那個收納行為，如果本來就是自己不擅長的事，自然會不斷拖延下去，最好的例子是摺衣服。

小時候，家裡有一座五斗櫃專門放我和妹妹的衣服，我是姐姐比較高，所以用的是上面兩個抽屜，一層放便服一層放學校制服。那時候不懂什麼直立式摺衣法，都是自我流，隨興摺好一件一件地疊起來，每次要找衣服就會東翻西翻把原本摺好的衣服都攤開，所以摺衣服對我來說與做白工劃上等號，腦中一直有個魔音說：「反正都會亂，不摺也無妨。」

這樣經典的橋段不定期在房間裡上演，穿過一次還想再穿的衣服、睡衣，全都隨手丟在椅子上或床上，變成一張名為衣服的椅子、一張總是要分給衣服睡的床，而我只能無奈攤手說：「我就是懶散的人，都不摺衣服。」

換個角度想，說不定是這個收納方式不適合我，大可捨棄掉，用自己願意做的方法來替代不就好了。

所以後來，我真的太討厭摺衣服，統一用衣架統統掛起來，不僅一個步驟就可以拿取和歸位，也擺脫每周數次的摺衣服地獄，我只要一年兩次衣服換季的時候做苦工就好。到最後，升級到不換季衣櫃，我就再也不用摺衣服了，萬歲。

不過，成為吊掛派擁護者還是需要付出點成本。其一，必須花錢添購衣架；其二，在衣櫃空間有限的情況下，吊掛與摺疊相比能容納的衣服數量偏少，因此必須精簡衣物。但這對我來說，兩個成本加起來都比「摺衣服」要來得輕鬆，我很樂意去做。

順著自己的意願，既然可以抄捷徑，何必勉強自己繞遠路呢。

我就懶！從「零」步驟開始思考

蹲下身來，把收納箱搬出來，掀開蓋子，取出裡頭的其中一個物品，再蓋回蓋子，搬回去，最後站起身來。當拿取一個幾乎每天都會用到的物品要耗費一、二、三、四、五、六、七個步驟時，會發生什麼事？

那個東西，鐵定在房間四處流浪，有家也歸不得。

這是實際發生在我們家的情況，那時的我為了營造視覺上的清爽和只想著同類物品要放一起，把我們的弓道用品統統放到收納箱，裡頭也包含了帥哥幾乎每天都會用到的居家訓練道具。

因為那次的經驗，每當房間出現「物品流浪記」時，我除了思考是不是最近生活失去節奏外，也會想想是不是在收納步驟上出了問題。

收納的重點是好收好拿，讓物品更好被使用，因此任何多餘的步驟都是不必要的。套用賈伯斯的設計理念，與其把繁複的步驟不斷做精簡，倒不如一開始就從相反的角度出發，從零開始思考，找到最低限度的步驟，來達成目的。

後來，我直接在帥哥的衣櫃裡掛一個S型掛勾，把他的弓道用具掛起來，伸手一拿，只要一個步驟，是不是簡單許多。現在只要是每天都會使用到的物品，我大多會控制在三個步驟以內，這是我和帥哥願意收回去的極限。

使出集中大法，擺脫東奔西跑

每當我要做某件事，為了拿取那些用品，而在房間上演東奔西跑的戲碼時，就會意識到：「噢，目前的收納不符合我的習慣和動線，應該調整一下。」

比方說，剛搬來這個家時，所有物品都只做初步的定位，還沒有正式實踐過，不知道適不適合。沒過多久，察覺好像哪裡怪怪的。

出門前，我要先在衣櫃前拿包包，然後開啟另一個抽屜拿手帕，再走幾步路拿放在桌上的摺疊杯，再走到另一角的抽屜拿取錢包、鑰匙等出門用品，走了一圈房間終於把東西都備齊了，心想「應該可以出門了」。這時，「啊，我的手機還沒拿！」又奔去找尋被我隨手一放的手機。

東一個西一個，光準備一個包包，就耗費掉好幾分鐘的時間，而且腦袋還要不斷思考這個東西放在哪裡，等於還沒開始做正事就消耗掉每日有限的決策力。我後來還會抄捷徑，先把要出門的東西都丟在床上，再一次裝好，但還是沒有比較省時間。

意識到這個沒效率又不合邏輯的動線問題，我才把所有出門相關的物品都統一放置在衣櫃裡。換完衣服，伸手拿個包包，開啟下方的抽屜，裡面一邊放著手帕、一邊放著所有出門用品，咻咻咻拿一拿，一分鐘搞定。要是不小心睡太晚急著出門，也可以無意識地完成出門準備，重點是不會再漏東漏西，這就是調整動線並把物品組隊起來的威力。

定期調整配置

就跟大腦非恆定一樣，我們的生活也不斷變動，可能有新的興趣加入、有想要養成的習慣，或是疫情的來襲改變我們的生活模式，飲食作家葉怡蘭有一句話說並非擺了就不動。

「家的模樣，生活的模樣」，收納這件事也需要配合我們當下的生活來進行微調，

比方說兩年前，我為了重拾寫手帳的習慣，就在梳妝台旁邊的一格櫃子設置了睡前休閒區，把想養成的習慣和例行公事做綑綁，洗完澡吹完頭髮，我只要一伸手就能拿到手帳，立馬開寫，不給自己理由拖延，就這樣完成人生第一次寫滿三百六十五天手帳的里程碑。又或者疫情嚴峻之時，我把衣櫃區域重新劃分，一邊規劃成外出區，擺放出門用品和穿過的衣服，另一邊則是我和帥哥兩人乾淨的衣服，提升防疫等級。

時時配合著自己的生活不斷變動調整，利用最精簡的收納步驟，養成肌肉記憶達到無意識做好的境界，如此一來，不用費太多力氣，就能把家裡維持在理想的狀態。

最佳的療癒處方——靜靜地打掃

每當我心情不好、覺得腦袋一團亂的時候，便會走進廁所，大展身手。掀起馬桶蓋和坐墊，右手拿著馬桶刷，左手抓著蓮蓬頭，不時蹲下來用低角度看看內側的邊緣有沒有卡垢，仔細地刷洗馬桶，接著蓋上蓋子沖水。之後，整個馬桶都噴上酒精，用馬桶專用抹布，擦拭一遍，再把抹布用肥皂洗一洗掛回原處。

登登，獲得一個亮晶晶的馬桶，五分鐘前的負面情緒也一掃而空。打掃對我來說，是一個零花費、立刻能獲得獎勵的最佳療癒處方。

聽起來我好像很喜歡打掃，在這之前我完全不是這樣的人，對打掃只有四個字形容「麻煩、骯髒」。住在家裡由老媽包辦（謝謝媽媽），在外租屋時，換室友接班（感恩室友），聽到朋友說「喜歡打掃」，我只覺得那個人是外星人，可能就跟你現在看我的想法一樣。

會漸漸愛上打掃，是丟掉不必要的東西後的改變。除了減物利於打掃外，重新審視後也發現有幾個契機讓我有了想法上的轉變，建構了現在的療癒掃除世界觀。

禪與掃除

如果說全世界讓人感到最舒服、乾淨、心靈平靜的地方，我會回答「日本的寺院」。法隆寺、東大寺、金閣寺、清水寺等等，如果你仔細看，會覺得寺院怎麼可以這麼乾淨，明明人潮來來往往，還能一塵不染。尤其是廁所，我人生第一次看到全自動的「迎賓馬桶」，就在京都的本能寺。燃起了我對寺院打掃的好奇。

後來讀到日本僧侶枡野俊明的《禪與掃除》，我找到了答案。

書中提到，修行中的雲水僧一天要打掃上三次，你沒看錯，三次！我當時想著：「打掃不就是要去除髒汙嗎？一天一次應該已經很夠了，寺院有那麼髒嗎？三次的意義何在？」

對僧侶來說，一天的生活由打掃、誦經和休息組成，打掃佔了很大一部分，是修行的一環。目的並非單純擦除表面上的汙漬而已，他們認為「擦拭每一粒塵埃的同時，也是擦亮自己的心」。對啊，生活中有多少事付出再多也得不到收穫，但打掃不同，只要努力就一定會有成果，不開心的時候，靜下心來慢慢地打掃，擦掉心裡的不舒服，讓打掃成為心靈的避風港。

我們很容易被生活周遭發生的情況打亂步調，不小心就陷入自動駕駛模式，敏銳度降低、只是像機器人一樣公事公辦。廁所是我打掃最頻繁的地方，當它脫離常軌、出現凌亂汙穢時，是對我的一種提醒，代表我失去了餘裕，該調整了。

打掃不只是打掃，是沉澱自己、重新開機的好方法。

自我款待的心

幾年前，我和帥哥一起到佛教聖地的高野山體驗宿坊，也就是在寺院住上一晚，接待、料理、房務……一間旅館會有的所有工作都由僧侶來進行，是一個可以近距離體驗僧侶款待的機會，還包含參與早課的活動。

當時我們選擇了跟皇室有所淵源的不動院，第一次進到寺院的住宿設施，乾淨、舒適的程度超乎我們的預期，桌子、櫃子、擺設、洗手台一塵不染，在什麼都很乾淨的時候，你就會糾察隊上身，想要努力找出被遺漏的地方。

帥哥伸出右手，往絕對不會有人注意到的天花板下的梁框一摸，說：「你猜，是一層灰嗎？還是乾淨溜溜？」答案是，連一咪咪灰塵都沒有的狀態，帥哥直呼：「太扯了，這一定是每天都有人擦，不然不會這麼誇張地乾淨。」

這次的經驗給了我一個啟發，打掃這件事，可以想成是給自己的款待，而不只是家事、義務。吸地拖地、摺妥每天要用的毛巾、刮除浴室裡的水滴並用抹布擦乾……做著這些事的時候，腦海中浮現等一下自己使用時的畫面：「應該會很開心吧。」不自覺就會燃起幹勁，想要好好地做。

當我抱持著一顆款待自己的心進行打掃時，麻煩事就昇華成為了療癒事。

可以只做一件事

不知道你有多少時間可以只做一件事呢？

我們常常會在等車時滑手機回訊息，一邊吃飯一邊看影片，工作到一半就想點社群看有沒有新的限動或貼文，抱怨總是被別人的訊息、信件、電話給轟炸，但自己又不自覺地想要分心。多工處理已經變成了生活常態，哀號時間不夠用，一旦讓大腦陷入疲勞狀態，又會渴望更多的分心，一天下來覺得好像都沒完成什麼事，多半在瞎忙中度過。

雖然有些人會一邊打掃一邊聽音樂或Podcast，但我更喜歡安靜地做。眼前只有打掃工具和髒汙，專注在手部的動作，讓大腦放空神遊，像是每天早上，我給自己安排了一段樹懶時間，每次只做一件事情，把前一晚洗好晾乾的餐具鍋碗歸位、補充冰箱裡的冰塊水、摺妥毛巾、清洗一下洗手台等，透過緩慢的動作喚醒身體和大腦，覺得我對事情有了掌控權，也比較不費力。

或者也可以試著在腦袋大爆炸的時候，找一件短時間就能完成的掃除來做，讓自己抽離原先亂糟糟的狀態，reset一下心情，再回到事情上時，就順利多了。

雖然打掃有時單調無趣，若想成是可以只專注一件事的神聖時光，是不是更令人期待了呢？

從小地方開始的打掃練習

如果你也想嘗試看看療癒的掃除事，我會推薦以下三個幾分鐘就能完成、也最貼近每一天的微掃除。

1. 床鋪：起床後，把枕頭歸位，抓住棉被的兩端用力一甩，把被子攤平或著摺好，恍惚的腦袋瞬間清醒。出門前看到這副光景，心情會十分愉悅，覺得今天有個好的開始。當下班拖著疲憊的身軀回到家後，看到整齊的床，彷彿入住舒適的飯店一樣，確實獲得放鬆。

2. 書桌或辦公桌：要打掃整個空間並不容易，只要維護好每天使用的書桌或辦公桌就好。試著在下班前或睡前把桌上的東西歸位，順手擦拭一下桌面。隔天要使用時，不用再東翻西找、被桌上的待辦事項（東西）追著跑，能快速進入工作狀態。

3. 鏡子：我們每天都會透過鏡子整理儀容，久沒有清潔的鏡子上，很容易就有灰塵或水垢，鏡中的自己也變得花花、斑斑的，只要簡單噴灑酒精並用乾布擦拭（如果是陳年水垢可以用檸檬酸），就能恢復鏡子亮晶晶的狀態，鏡中的自己當然也變好看了！

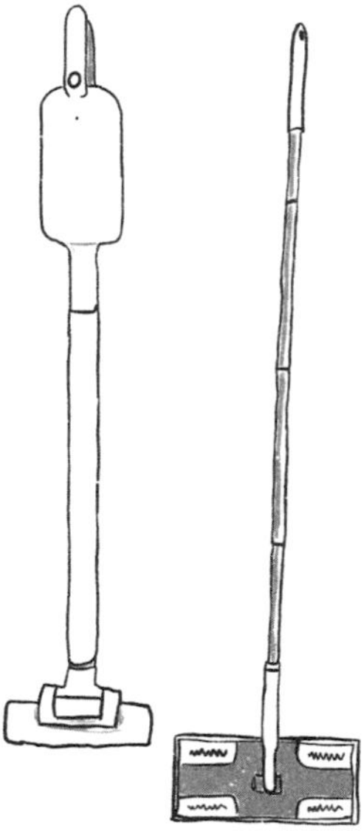

讓家事不痛苦不費時

就算再怎麼喜歡的事情，如果做太多、太要求完美，久了也會漸漸厭煩。幾年前，我比現在更熱衷於家事，幾乎每天刷馬桶、吸地、拖地、擦桌子、除塵，朋友到我家借宿時，甚至說：「你知道嗎？我剛剛被你的馬桶閃到，怎麼可以這麼亮啊！」

雖然聽到讚美很高興，但為了要呈現閃亮亮的空間，背後所下的工夫可不少。隨著身分的轉換，生活型態的轉變，在時間和精力都有限的情況下，如果堅持要以同樣的標準來要求自己，未免也太累人。

後來，我練習著睜一隻眼閉一隻眼，把自己當成懶人，用一種比較不費力、寬鬆的方式來進行家事。發現即便沒做那麼多、不那麼努力，一樣可以維持一個整潔舒適的家。

第一守則：順便

踏出第一步往往是最困難的，有什麼方法可以不需要動用到意志力，就能啟動開關嗎？答案是「順便」做。

把大任務拆解成一個一個小任務，是習慣養成書最常提到的原則之一。身為忙碌的上班族，平日的大半精力留給工作再正常不過，不得不做的家事，只要出5%的力氣就好，其他寶貴的自由時間，請留給睡眠和休息吧。

以我最重視的浴廁空間來說，如果要仔細地刷洗、清潔至少要花上半個小時，但我拆解成，刷馬桶、洗手台清潔、刮除水痕等等小任務，每個事項只要三分鐘就能完成。再與日常行為做結合，比方說上完廁所後順便刷馬桶、睡前刷牙時順便刷洗手台、洗完澡後順手刮水用抹布擦乾等等，一天過下來打掃也順便完成了，絲毫沒有負擔。

舉凡拖地、除塵、擦桌子、除霉這種無法順手做的掃除，我都會留到假日想要放空、悠哉悠哉的時候處理，我最喜歡把家事當作早上的醒腦工具，每天的一開始是體力最多，但腦袋還在神遊的狀態，靜靜地刷刷、洗洗，想到什麼做什麼，等回過神來，已經把所有家事都搞定了。

化大為小的概念同樣可以應用在大掃除上，把要花上一周時間的龐大任務，一一拆解成一小時內就能完成的任務，安插在各個有空閒的假日，一點一滴地完成。

家事開關一旦被啟動，也許會因為做得太起勁而無法自拔，這時就要提醒自己，在筋疲力竭之前先喊stop，讓我們對家事維持著愉悅的心情。

第二守則：只處理在意的地方

面面俱到是很累人的一件事，平日我會想辦法「偷工減料」做家事，只處理在意的地方，這樣一來做家事的時間可以縮短一半以上。

這時我會排定自己的優先次序，只做那些會妨礙到生活的家事，比方說地板的頭髮和細屑踩起來不舒服，坐在地板上也會弄髒衣服，所以比起檯面的擦拭和除塵，我會優先吸地板，至於拖地倒不那麼必要就不做了。

如果以房間和廁所來選擇，我會挑廁所的掃除，因為用水區如果拖到兩三個禮拜才處理，累積起來的黴菌和汙垢要花費更多的力氣，實在不妥。洗完澡真的累到不行，那就刮水就好，其他就等到有力氣再做吧。

壓力是家事的大敵，善待自己，在意的地方認真做，其餘寬鬆一點也無妨。

第三守則：工具簡單就好

為了解決家事困擾，市面上可以看到各式各樣「××專用」、「幾秒ＯＫ」等強調省時、免刷洗、不髒手的清潔用品和掃除工具，曾經我也買了幾樣嘗試，後來覺得這些單一功能的物品，雖然可以帶來某些程度的方便，但用完需要添購、佔據存放的空間，又會衍生出另一種家事，我便開始簡化掃除工具。

關於這點，很值得跟僧侶學習，他們打掃多半使用最低限度的工具，諸如掃把畚箕、抹布和水桶。小時候，我們家也沒有拖把這種東西，媽媽都是叫我們用抹布擦木地板，認真一點就跪下來用手擦，偷懶時就用腳嚕著擦，也是這樣安然度過了十多年。

不過用抹布擦地實在不太符合現代人的生活習慣，但其他掃除用具，可試著僅保留用不到會很困擾的，我的選擇是馬桶刷、抹布、縫隙刷。清潔劑則是選用萬用、天然、環保的品項，例如漂白、消毒神粉的過碳酸鈉、油汙救星又可以洗蔬菜的小蘇打粉、除垢的檸檬酸，以及酒精和肥皂（液體皂），既然銅板價就能搞定的東西，何必花數百元替自己添麻煩呢？

此外，我有一個讓自己做家事更開心的小撇步，那就是選用怦然心動的打掃道具，正因為是心愛的工具自然就會想要使用它。我長年愛用著來自奈良的白雪巾，用它擦拭洗好的鍋碗瓢盆、餐具和浴廁水漬，每次使用都讓我想起在奈良旅行的點點滴滴，甚至一想到奈良東大寺的大佛也是用這款抹布擦臉，就替打掃多添了幾分療癒感。

第四守則：簡化步驟

簡化步驟有兩個方向，一個是家事本身，另一個是執行家事的整個過程，尤其後者是比較容易被忽略的地方。

不知道你的打掃工具都放在哪裡呢？是順手就能拿到的地方，還是收在櫃子裡呢？我自己發現，收在視線可及處，並且一個動作就能拿取的擺放方式最佳，如同整理時我們習慣將常用的物品放在好收好拿的位置，吸塵器、抹布如果擺在視線所及之處，不僅有提醒的作用，也方便我們在幹勁來的第一時間，順手拿起來吸一下。

另一個好處是，讓家人知道工具在哪裡，也會誘發他們一起做家事的動力。創造利於打掃的環境也是十分重要的一環，我們可以從收納方面下手。比方說不容易積灰塵的封閉式收納，會比開放式收納更適合打掃苦手。而浴廁和廚房常常需要用水的區域，建議使用吊掛式收納，萬一某個地方弄髒了，可以省掉對物品乾坤大挪移的動作，直接抹布一擦就ＯＫ了。

在進行家事的過程中，遇到不順手、麻煩時，不妨停下來想想看哪個環節出了問題，有時候並不是我們不喜歡做，而是途中關卡太多提升了難度，試著從簡化下手，也許就會有不一樣的發現。

4

快樂很簡單，只要用心生活

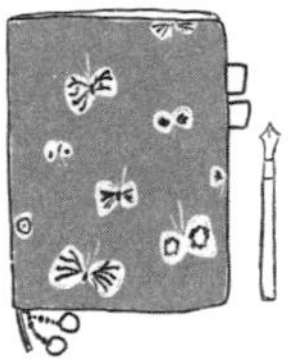

替自己預約離線時間，回歸慢步調生活

我有一個習慣，晚上、假日這些工作外的休息時間，幾乎不用手機，處於一個訊息不回、信箱不看，電話接不到的狀態，就好像隱居了一樣。因為我想要在可自由運用的有限時間內，好好和重要的家人相處，認真過自己獨一無二的生活。

你可能會覺得這樣的習慣很誇張，但是在這之前我其實是個手機成癮者，甚至是重度的社群媒體使用者。每幾分鐘都想點開社群媒體，看看有沒有新的貼文、新的限時動態、新的回饋或者新的訊息，正中軟體設計者的圈套，著迷於拉霸的快感，時間都被自己滑掉了，導致對我真正重要的事零進度，比方說想看的書不斷順延、工作無法專心。意識到自己就算脫離了買買買的購物慾，卻又掉入另一個剝奪注意力的成癮深淵。

此外，對內向的我來說，手機也是逃避尷尬的工具。在捷運上、朋友聚會上，忍受不了靜默、無所事事的狀態，自然而然就會伸手解鎖螢幕，躲進虛擬的世界，假裝我很忙，忙著漫無目的地滑動態，或者無意識地把信箱、Line、蝦皮、訊息全部點一遍，現在想來實在很沒意義。

平日四小時，假日八小時，手機時時握在手上，一秒也不離身。低頭滑手機儼然成為第一順位的兼職工作，但沒有收入也沒有成就，假日還得拚命加班，嚴重的情況還會讓兼職工作影響到正職工作，不覺得越想越不對勁嗎？

在這樣的情況下，我認識了數位極簡主義這個詞。一開始可能會誤以為是當個原始人，不用手機、網路等數位產品，其實不是。數位極簡主義的核心價值在於「有意識地使用數位科技」，懂得拒絕不必要、多餘的資訊，並且，讓自己從被控制的奴隸狀態重新掌握主控權，將珍貴的注意力和時間用在值得的地方。這讓我開始審視手機與我的距離，並且做出實際的調整行動。

我們會斷捨離不必要的物品，應用在數位世界的第一步便是清除雜訊。關閉通知，不要讓惱人的聲響和紅點點任意干擾我們正在做的事情；取消電子報、廣告信，既減少資源浪費也能避免荷包失血；整頓追蹤帳號、好友，我刪除了現在不關注的議題，無交集的友人和總是負能量滿滿的帳號；刪除可有可無的app，我的做法是刪除購物、娛樂的app，讓手機呈現生產力工具的狀態，誘惑會減少一大半。

如果你想要擺脫社群的魔掌，也可以選擇刪除所有社群app。我的手機裡看不到臉書和Instagram，Instagram我只裝在平板上，等於我出門的時間完全無法使用，但兩年來幾乎沒有任何困擾。當Instagram癮頭起來時，我會問自己接下來的行為是投資、消費或浪費，停下來思考一下，慾望也會消退。

生產力習慣有個原則是為重要的事預約時間，在數位排毒時，我們可以主動預約離線時間，在這段時光中把手機、平板、電腦等螢幕收起來，利用自己多出來的數個小時，專心投入在那些想做的事情上。以我的例子來說，我在手機裡設定每日的21：30～7：00停用，幾乎所有app都會鎖上無法運作（除非輸入密碼），在此之前我會把需要處理的事情解決掉，離線時間就和帥哥聊天、寫手帳、閱讀，不僅更容易入睡，同時創下寫滿三百六十五天日記、每年閱讀五十本以上書籍的里程碑。終於，想做的事情都一一完成了。

後來我也試著在假日停止使用社群媒體。過去我都會在假日發文和讀者們互動，長年下來感覺自己好像沒了不動腦的休息時間，有一直在工作的錯覺，那段時間我選擇用料理和烘焙來填滿日子。在廚房裡，心無旁騖地專心切菜、燉煮、揉麵團、煮果醬，撲鼻的香味、手部的動作、烹煮的聲響刺激著我的五感，讓我不自覺就放鬆了起來，而努力過後的成品，受到家人和帥哥的讚賞，充滿了成就感。

這些練習讓我體會到一點：錯過消息一點都不礙事，錯失白己的時間才可惜。我生出了更多的時間，把心力從別人的生活、成就，放回自己身上，我不再那麼容易感到焦慮和不安，專心做著有意義的事，讓自己發光發熱。

每日離線練習

一下子實踐數位極簡，需要經歷難熬的戒斷期，也許不是每個人都能接受，也不是每個人都有如此必要，以下提供三個每日離線練習，只有短短的一兩個小時，先體驗數位排毒的威力，再挑戰更困難的任務。

用餐時光：我們很容易就會在餐桌上滑手機，但是要明白餐桌或聚會最重要的就是身邊的人和桌上的食物，建議把手機收到包包裡，尊重現場的彼此，讓自己專心在眼前的事物上，盡可能讓難得的交流有好的品質。

睡前一小時：很多人都有失眠、睡不好的困擾，其實只要簡單的一個行動——睡前減少手機的使用，就有助於提升睡眠品質。這是因為許多研究發現螢幕的藍光會抑制褪黑激素的分泌，而多巴胺會讓我們處在亢奮的情緒下，手機裡的內容也會讓我們腦子動個不停，無法靜下來，都會促使我們延後睡眠時間或導致失眠。你可以設計屬於自己不碰螢幕的睡前儀式，閱讀、寫日記、伸展、冥想都是很棒的習慣，可以試試看。

起床後的一小時：這段時間是一天當中精力最好、狀態最佳的黃金時間，睡醒立馬滑手機，等於是在消耗我們每天有限的專注力，一旦啟動了尋找刺激的開關，隨著精力的耗盡，會越來越無法克制滑手機的慾望，一整天就這樣在分心狀態下度過了。推薦放慢早晨的節奏，慢慢地刷牙、悠閒地吃個早餐、路上散散步晒晒日光浴等等，你會發現接下來的一天增添了幾分餘裕。

拿起筆來寫，捕捉細微的美好

上一次拿筆起來寫字記錄心情是什麼時候呢？記得小時候，總是要在家庭聯絡簿上寫周記，對很多同學來說這是一件功課，很煩、很花時間，多半選擇敷衍交差了事，但我卻很享受這段利用文字和簡單插圖和自己或老師對話的時光。長大一點也曾和同學寫交換日記，而在大學時期主持廣播節目時，更有了跟聽眾當兩年筆友的有趣經驗。

對我來說，拿筆寫字，除了學生職責的念書目的外，更是抒發情緒、與人交流和記錄生活的重要管道，說是我的「發聲工具」一點都不為過，這樣的魅力讓我一寫就是好幾年，是生活中不可或缺的儀式。

我的每日新聞

每天晚上洗完澡，在這段身心放鬆又有精神的時候，是我與自己對話的時間，方式是老派的寫日記。坐在書桌前，打開左手邊的抽屜，拿出寫字傢伙——手帳本和鋼筆，先翻到月記事，看看有沒有什麼任務要新增，接著繼續下一頁，追蹤喝水、排便、書寫等習慣，在記錄這些事項的同時，自然會讓自己有意識地回憶一天的種種，當我跳到重頭戲「今天的日記」時，更是如此。

我們很常覺得生活一成不變，不就是起床、工作、吃飯、洗澡、耍廢、睡覺……日復一日嗎？粗略來看的確是如此，但當我開始透過寫日記、寫部落格、社群貼文等方式記錄生活後，發現我看待世界和生活的角度有了轉變。記錄，必須要有素材，把自己想像成是一名記者，以敏銳的記者之眼觀察每一天的細節，去為了「我的每日新聞」進行取材。

二〇二二年五月八日，我久違地進行了大整理，這天的新聞標題為〈找回秩序〉，內容寫著：「房間真的反映著一個人的生活狀態，這陣子心力交瘁，衣櫃亂無章法，帥哥一直說：『美女，你要讓東西回家啊！』趁著帥哥出門把衣櫃的物品重新定位，該換季的收好，使用頻率低的移到其他地方，又變得整齊了。還幫衣櫃畫了地圖，帥哥回家看到煥然一新的房間，很開心。」

一天一天的每日新聞，填補了生活中的空白，有限的空間中能被選上的內容可以說是每日精華，一周、一整個月看下來，也能觀察到自己在哪些地方特別在意、什麼對現在的自己更重要等等，等於是用俯瞰的視角來重新審視自己的生活，有了覺察，才會激發改變。不僅如此，到了年末還能獲得一項珍貴的禮物——屬於自己的書，十分有意義。

《貝加爾湖隱居札記》中有一段話我非常喜歡，作者說：「持續寫日記能造就生活，因為天天都得和空白頁面對話，逼人必須更關注一天中發生的各種事件——更仔細聆聽、更用力思考、更努力觀看。」

當我們試著把接收天線打開，用輸出的眼光看世界時，就會發現樂趣、幸福、成就，無所不在。

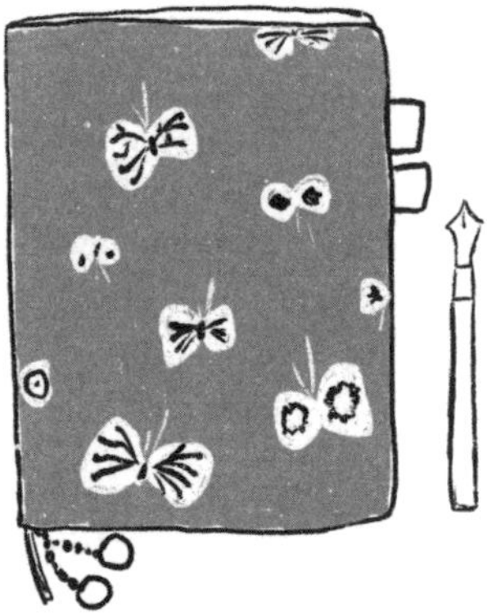

美夢成真的吸引力法則

不瞞你說，我還滿相信吸引力法則的，我覺得意念、心態是很有能量的東西，有沒有目標或夢想，會造就截然不同的行動，一個是幹勁十足一個是迷惘停滯，尤其把心中所想化成實質的言語或文字後，威力更強大。

日本有個「言靈」的概念，認為每個言語中，都有靈魂的存在，帶有不可輕視的力量，名字、誓言、詛咒都是應用的例子。這也時時提醒著我，要注意說出口的每一句話，甚至寫下的每一個字。

也因為如此，在日記的書寫上，我會盡量只寫正面的事、讚美的話語。一件事往往都有正反兩面，當我們選擇關注好的那一面，自己也會比較開心，久而久之，就變成一個正向思考的人，會帶給人一種好相處、樂觀的氛圍，這也容易吸引到好的人事物，以我的例子來說，這過程中推動了很多計畫和夢想，包含爭取到交換留學的機會、實踐極簡生活，甚至有了寫這本書的機會等等。

至於抱怨或負面的情緒，不是不能寫，我們可以選擇慢慢地淡忘，不再透過書寫加深這個情緒，或者另一種我更常使用的方式是——不要只流於純粹的抱怨，必須搭配解方或改善的方向。抱怨時間不夠用時，我就會補上可以怎樣調整時間的運用，也問問自己究竟把時間都浪費到哪裡去了，有效地改善生活，不至於不斷陷入鬼打牆的循環中。

我也把寫日記當成是一段珍貴的獨處時光，眼前只有紙、筆，沒有過多的資訊和連線，讓我可以在喧囂的世界中擁有一分寧靜，靜下心來好好書寫，把混亂的思緒從大腦中卸載到手帳本上，讓身心靈都可以獲得充分的放鬆，自然能獲得良好的睡眠品質，也讓生活更有秩序。

如何開始寫日記？

寫日記並不困難、也不麻煩，先給自己一個最簡單的任務，比方說五分鐘、十分鐘的時間，或是只寫一兩行也可以，重點不是寫了多少而是動筆書寫這件事。如果對你來說用手機比較容易入門，那就試試看吧，總之降低起頭的難度就對了。

以我的例子來說，在重拾習慣時沒有給自己要一次恢復到過去圖文並茂的程度，這壓力山大不妥不妥，而是只派出一個很小的任務——花十分鐘填滿格子就好。

日記的題材很多元，可以是值得紀念的事情、遇到的挫折、突然冒出的新想法、發生的新鮮事、買了什麼好東西、閱讀的即時心得等等，如果還是不知道要寫些什麼，推薦絕不會出錯的感恩日記。

寫下一天內值得感恩、感謝的三件事：「感謝今天自己有準時起床，度過悠閒的晨間時光，讓一天有美好的開始。」「感謝大太陽的好天氣，讓我在冷冷的冬日也能有源源不絕的幹勁。」「感謝妹妹送我一個很醜的貼圖，醜得可愛光看著就覺得好好笑。」

寫著寫著你便會發現原來我們擁有了很多，我們很幸福，不再會過度追逐辦不到的事、羨慕他人，慢慢將焦點轉回到自己身上，看世界的方式，也會與過去截然不同。

說不的勇氣

「不好意思，目前我不需要。」是我這些年來最常說的一句話之一。

原先我是一個對拒絕感到苦手的人，總覺得拒絕就是給他人添麻煩、澆冷水，特別是有著高敏感的特質，隱約感覺得到對方的情緒變化，從殷切期盼到失望，我會放大這樣的失望，默默地在心中自責「怎麼辦？她看起來好困擾」、「我是不是做錯事情了？」很明顯地，過度在意他人的感受，忽略自我是我最大的毛病。

一旦勉強接受了，反倒給自己生了一堆難題和麻煩。簡單生活讓我明白，放手不是失去，而是獲得更多的方法，書裡有一句話令我印象深刻：「你不做決定，就是由他人替你做決定。」同樣的道理，看似否定的拒絕，是不是有其他的可能性呢？

我開始嘗試轉換思維，跳脫個人，以宏觀的角度來思考，說「不」能為彼此帶來什麼好處？

勇氣一：減少資源浪費

百貨公司滿額禮、藥妝店消費禮、路上的推銷、美妝試用品、大賣場的試吃……生活中很容易遇到各種類型的「贈品」，以往我的做法是「先收下再說」，但漸漸發現，這些免費獲得的東西，多半不是自己慣用的物品，往往會被閒置在房間的一隅，最後過期丟掉，造成資源上的浪費。

如果我不索取，那這東西可以到有需要的人手上，不是更好嗎？若從環保角度來看，贈品通常是大量生產、小包裝，多半屬於用過就丟的拋棄式物品，拒絕不等於是減少製造多餘的垃圾嗎？這些想法，讓我開始留意身邊的免費物品，在百貨公司逛街時，遇到櫃姐發送試用品，以「謝謝，我不需要」取代索取；網路購物時，如果贈品不是自己需要的，可以在下單時主動備注說明，或者我也會特地去找沒有贈品的店家購買，如果真的「不幸」拿到了，就盡快轉手送人。

與贈品類似的禮物也是一個讓人有點苦惱的議題，實踐極簡後，朋友常說：「都不知道要送你什麼了。」為了解決這樣的情況，我們彼此有個小默契，以「會消失的物品」作為首選，比方說茶葉、小點心、禮券這類安全牌。

或者主動詢問最近有沒有缺什麼？很沒有情調地直接貼網址給對方，雖然少了點驚喜，但獲得真正需要的物品，才能達到最大的滿足感。

勇氣二：為雙方節省時間

你也許多少都有在路上遇過百科套書、學習課程這類型的推銷，他們最常用的話術就是「每天只要花費一杯飲料的錢」，就能輕鬆提升外語能力、擁有淵博的知識，我在大學的時候就曾經腦波弱訂了大全套的百科全書。現在回想起來會失守的最大原因在於，我覺得推銷員已經在我身上花了一個小時的時間，實在難以拒絕，如果東西我真的不喜歡，還有退貨的管道，那先說「yes」好了。

後來，收到物品後，越想越不對勁。雖然一天只要二十五塊，但要每個月持續繳費，最終支出的總價是兩萬多塊，這樣的套書值得我花這麼多錢購買嗎？我真的有需要嗎？答案是，完全不需要。

最後花了兩三天的時間，才完成退貨手續，又過了好幾周才把訂金兩千元給拿回來。如果一開始在推銷員搭話時，立刻拒絕的話，就不會造成這些時間的浪費了，更不用承受買錯東西的龐大心理壓力。

信用卡也是類似例子，有一次在百貨公司被業務攔下，推銷聯名卡，說真的我很少在這裡消費，本身也已經有三張信用卡了，但我又敗在業務的話：「叔叔缺業績，如果能幫忙就太好了。」記得那天回家後跟帥哥提及這件事，他回說：「推銷當然都要這樣講，你被騙了。」

一方面我心想可以拿刷卡禮也不錯，不用放著就好也不礙事，但就在發生信用卡盜刷驚魂後，嚇到停掉所有不常用和閒置的卡片，深刻體會到幽靈信用卡本身就是生活中的隱藏危機，一刻都不能留，未來也堅決不再辦多餘的信用卡了。

俗話說時間就是金錢，如果不懂得拒絕，不僅浪費自己的時間，也是浪費他人的時間。

勇氣三：把事情做得更好

塞進更多的計畫、接受更多的邀約、承接更多的任務，更多更多……我們很容易下意識把生活填得滿滿的，不斷地在挑戰自己的極限，運氣好的話，可以創下許多里程碑和成就，但代價很可能是一副隨時要game over的身軀。運氣糟的話，整天瞎忙只是在應付他人的請求，根本沒有時間思考自己真正想要的是什麼。

每個人隨著年齡的增長、身分的增加，所需要背負的責任、應盡的義務也就越多，在這個情況下，學會排定優先順序，甚至為了達到目的，進行有意識的捨棄就非常重要。除了著重在物質取捨的極簡主義外，還有一個雙胞胎兄弟叫做「專準主義」。《少，但是更好》提到專準主義的核心主張在於，不再做更多的事，而是選擇做好對的事，裡頭有一句話很值得謹記在心：「唯有允許自己不再照單全收，不再對每個人都說好，你才能對真正緊要的事情做出最高貢獻。」

時間有限的情況下，如何做對自己好的選擇，是我二〇二三年的課題，工作、家庭、自媒體三頭燒，為了取得生活的平衡，我選擇性放棄了那些不那麼重要的事，專注在只有自己能做，而且具有獨特價值的事物上，比方說：拒絕了所有商業合作的邀約，專心投入自己的創作內容，因為對我來說我的經驗能幫助、啟發到他人比賺錢重要太多了。我也把家庭放在第一順位，千方百計出動各種效率提升法、生產力習慣，盡可能如期完成所有任務，同時委婉拒絕超出負荷的工作，才能準時回家煮飯。

若想要找回人生的主導權，面對他人的請求或任務時，不妨仔細分析一下：「這個對於自己的目標有幫助嗎？」盡可能累積正確的選擇，才能往理想生活更靠近一步。

弓道給我的生活啟發

二〇一八年三月二十四日，是我成為弓道學習者的日子，一眨眼，將近五年了，直到今天仍舊定期到道場練習，從菜逼八一路磨練到看起來有模有樣的弓道貳段小學姐的姿態。

在這些年來的練習過程中，漸漸發現它與一般運動有著顯著的差異，種種禮節、儀式和動作，不僅包含了日本的武士道精神和歷史淵源，它更像是一種修行。每一個動作都有它的理由，每一次的射箭都是一場與自身的對話，藉此讓身心靈與自然交融，展現出每個人獨特的氛圍。

更發現許多概念都跟簡單生活追求的理想類似，兩者相輔相成，這可能也是我得以持續練習的原因所在吧？

以練習的心境，掙脫比較束縛

弓道雖然也有競技的成分在，但射不射中並非它的重點，也反映在段位審查上，就算姿勢不對兩箭皆中，也可能不會合格。反之，姿勢正確，但沒有射中，自己努力的姿態，老師都看在眼裡，會認為你的「射品」很好，而取得合格。中靶其實只佔比不到10%，其他流程、儀態、面對弓道的態度才是老師更加關注的部分。

弓道裡有一句「正射必中」。白話來說，只要姿勢對了，自然就會中靶。「專注在可以控制的過程上，不可控制的結果就一切隨緣分，這會讓我們活得更自在更快樂。」這個道理我們都懂，但要真的貫徹到生活中，總是那麼地難，我們就是會焦慮、煩惱那些未知和不可控，無法專心在眼前的自己上。

我們從小就生長在競爭、比較的環境裡，在道場上自然也會以「上靶率」和「段位」來判斷一個人的功力，畢竟這是一個最直接、輕鬆的方式。

練習的過程中，我也有一度陷入追求中靶的深淵中，差一點放棄弓道。

那時還是初學者剛可以射靶的時候，看著同期的夥伴都陸續射中第一次的靶，甚至連學弟妹都趕上了，只有自己還在拚命挖地瓜（在靶前就著地），雖然幽默地跟他人自嘲說：「我真是優秀的瓜農。」實際上內心感到相當地焦慮，明明正在行射下一箭，腦袋瓜卻拚命想著：「為什麼剛剛那一箭會飛不起來？為什麼她都可以上靶？我好想中靶啊。」完全把老師說的：「不要想東想西。配合呼吸，專心你的每一個動作。」晾在一邊。

傳統弓沒有瞄準器等任何的輔助工具，只能靠射手與弓具的配合，任何細微的情緒或動作都會影響到行射的結果。滿腦子胡思亂想，想當然耳，我依舊沒有如願地中靶，反而不斷陷入焦慮、不中靶、更焦慮、更不會中靶的惡性循環。

想中靶是一種執念。

老師不斷跟我們說，那點心思其實明眼人都看得出來，只要好好做好當下每個動作，中靶是一件很自然而然發生的事，不需要刻意去追求，當我們越想中靶就越不會中靶。

《箭藝與禪心》裡，弓道大師則透露了，靶就像是一面鏡子，反應了我們的內心，當你願意正視自己時，就會展現出成果。

當時的我，根本心思都不在自己身上，目光緊追著其他人，忽略了身為主角的自己。在一旁陪著我練習的帥哥不斷提醒我：「你當初學弓道的初衷是什麼？是想

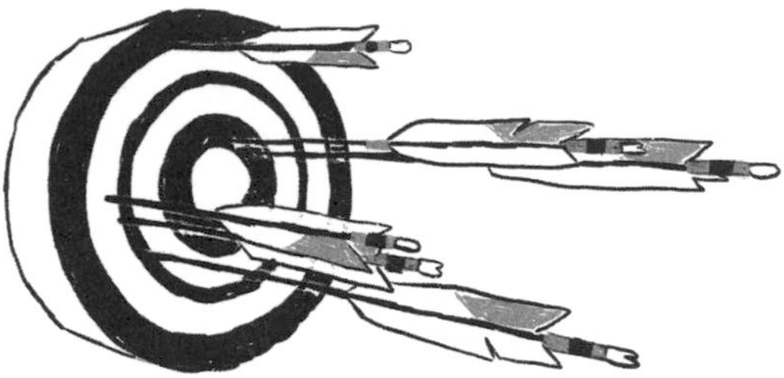

要變成神射手嗎？如果不是的話，為什麼現在會變得如此執著？」

是啊，當初我想學弓道，是因為《犬夜叉》裡，穿著巫女服裝的桔梗，姿態優雅地運用手上的弓和箭，射出擁有斬妖除魔力量的破邪箭，模樣很帥氣。很單純地對這項優美又兼具修身養性成分的傳統技藝感到著迷，就來學了，我是喜歡射箭這個活動，根本沒想過要中靶、要有多厲害啊。

從此我才開始把心思收回到自己身上。很多動作都需要砍掉重練，沒關係，不用急著一次全改，每一次的練習都只專注在一個課題上，一次練習不夠就下一次繼續練，練到完成率90％以上，再接續下一個課題。

一步一腳印的專注練習，讓我感受到自己正在一點一滴進步著，帥哥也常會問我：「這次練習的心得是什麼？」以前的我可能只看中結果，會說：「都沒有上靶，好爛。」現在不一樣了，著眼於動作的小細節和可以改善的地方：「這次我有感受到肩胛骨出力的感覺，箭明顯飛得起來了！下次再試試看。」

花費長達一年的時間，好好練習每個流程，我才漸漸地射中靶，也擺脫跟人比較的束縛。現在，中不中靶對我來說已經不再重要了，可以在道場練習射箭就已經很有樂趣，它從壓力來源，轉變成釋放生活中壓力的休閒活動。

如同簡單生活要我們專注當下，當興起世俗的比較之心時，試著把目光抓回到自己正在努力、有成就感的事情上。在意自媒體成效時，想想自己投注在創作的過程是不是快樂的，是的話，不就很足夠了嗎？我的初衷不就是「以圖文記錄生活，如果剛好可以幫助到需要的人就太好了」。如果否，那是不是可以改變內容、方式，創造出新鮮感轉換心情呢？一經轉念，瞬間覺得自己還有許多事情可以去嘗試、探索，燃起了源源不絕的幹勁，自然忘掉「比較」這件芝麻小事了。

弓道對我來說是一個為生活增添厚度的珍貴體驗，透過認識不同的文化和累積許多非日常的經驗，即便是一項休息活動，也能將從中學到的心態應用在職場和對萬事萬物的感受上，弓道會是我一輩子的興趣。

擺脫束縛的輕裝旅行

某一天，我下定決心把衣櫃上那顆巨大的二十八吋行李箱給斷捨離了。

隨著開始簡單生活以及旅行目的的改變，劇本一點一滴地在變化，從要塞好塞滿的購物至上標準觀光客行程，到祕境探險、神社參拜，甚至體驗當地生活的慢步調旅行，漸漸地這個二十八吋的龐然大物，不僅沒有帶來便利還是個大麻煩，使用的次數越來越低，其餘時間都是放在衣櫃裡長灰塵，越看越礙眼、越打掃越心煩。

在放手的那天，就像清掉累積一個星期的便祕一樣，全身舒暢，今後我只想要用不受束縛、自在的方式，一個包包也好、最多一咖登機箱，以輕便的行囊無所顧慮地前往任何想去的地方。

一咖登機箱的自在

第一次體驗到輕鬆自在的旅行，是我交換留學即將劃下句點的紀念之旅。我一個人提著一咖登機箱，裡面只裝了兩三套冬季衣物、個人盥洗用品、毛巾、幾本御朱印帳、充電器等最低限度的必需品，就從關東的埼玉搭乘夜間巴士（車資只要兩千五百日圓，留學生的省錢好夥伴），經過搖搖晃晃的九個小時車程，前進大阪，進行一趟為期十天十一夜的關西之旅。

不僅行李精簡，因為身上所剩的金錢也不多，不能再像散財童子那樣，大手大腳地花錢，我只有五萬日圓可以運用，精打細算地入住每床一千九百～三千日圓左右的高CP值上下鋪青年旅館。像宿舍的狹小空間，小小的登機箱可以塞在床下，在房間內攤開整理行李也不至於影響到他人。

那一次的旅行，我省吃儉用，把錢精準花在那些願望清單裡的精選行程。例如，我和其他友人相約去了《花牌情緣》電影拍攝場景近江神宮，租借傳統的袴和服在神社境內拍照，成了我們三人最難忘的留學回憶。又或者跟著一群爺爺奶奶去參觀由日本宮內廳管轄、需要事前預約的修學院離宮，再一路順遊祭祀陰陽道主神泰山府君的赤山禪院、經典景點銀閣寺，沿著哲學之道一路散步，轉個彎來去京都檢定出題率很高的南禪寺和水路閣，尤其在經過京都檢定的洗禮後，前往這些景點不再是走馬看花，而是知道建築背景、歷史緣由、獨特之處的深度之旅了。

以前我肯定會在晚上安排購物逛街行程，但當你長期住在日本時，藥妝店、伴手禮店、文具店、服飾店裡販售的東西，變得一點都不需要了，頭兩天我可能還會去逛逛，但發現實在頗無趣，就直接回旅館休息了，在交誼廳與其他住客交流或規劃隔天的行程還比較好玩。

事實上陪伴我超過五年的信三郎布包，也是在這段旅程購買的。我一直都對輕巧耐用的帆布包情有獨鍾，京都製、職人手作、百年老鋪、可維修等這些一澤信三郎的特色深深吸引著我。所以即便當時一個數千日圓的帆布包對我來說並不是可以輕鬆負擔的價格，但我還是買了，而且是抱持著要用上二十年的信念買的。現在因為長期頻繁使用的緣故，布包已經有不少歲月的痕跡，但仍不減我對它的喜愛，當時有買下它真是太好了，這是我留學之旅的最佳紀念！旅行的購物，我只想買這類能夠長久使用、深具意義的物件，重質不重量。

住在日本久了，越來越會讀空氣，漸漸養成不想替他人添麻煩的習慣。回想起過去一行人扛著四個大行李箱搭公車，佔據已經很擁擠的空間，真想挖地洞鑽進去，自己未免也太沒禮貌了。

後來我的旅行也漸漸以神社和寺院為目的，因為我對於日本神話和寺院佛像等千年老東西都十分感興趣，《古事記》裡那些男神女神的愛恨糾葛比八點檔還精彩，一步一腳印探訪這些古籍上的地點，蒐集各自的御朱印，作為保佑平安的護身符，不覺得是一件很酷的事情嗎？

還記得在和帥哥交往前，我去了最靈驗的結緣神社——八重垣神社參拜。神社位在遙遠日本海側的島根縣，古時候叫做出雲國，擁有「讓國」、「退治八岐大蛇」等神話傳說，被譽為「神話之國」，也是日本十月稱為「神無月」的由來。

在當地名謠中，有一句「早く出雲の八重垣様に、縁の結びが願いたい」（想要早點到出雲的八重垣神祈求姻緣），就可窺見八重垣神社的結緣信仰。八重垣神社祭祀的是須佐之男命和櫛田名比賣這兩個有著一段英雄救美故事的夫婦神。參拜時，我也做了靈驗的鏡占，占卜顯示真命天子就在眼前，當時籤文上告訴我「要跨越障礙，就能獲得幸福」，有了神明的掛保證，給了我信心和安心感，就試著主動出擊，果然就成功了呢！

這些年來，繞了充滿神話氣息的紀伊半島一圈，朝聖了熊野三山、紀伊古道、伊勢神宮等被譽為日本人心靈故鄉的聖地，還有佛教聖地高野山、陰陽師安倍晴明相關地等等，這些祕境往往位在天邊的彼方，需要長途跋涉才能抵達，我常常跟友人笑說：「我們都在荒郊野外跑跳。」如果不是登機箱的輕便，根本沒辦法一路順利地朝聖這些地點，尤其偏遠的無人車站，光找寄物櫃就是個大問題了。

除了輕便的行囊外，我也發現我們漸漸不去那些網路上說必吃的名店用餐了，反倒喜歡搜尋當地人常造訪的餐廳，比方說在新宮車站附近，一碗五百日圓有找的豆皮烏龍麵，只有簡單的豆皮、烏龍麵和高湯。我們跟著阿姨在店裡看八點檔，斜對角還有一個中午下課來覓食的高中生，吃飽後，慢悠悠地散步去下一個神社，可能是那分日常悠閒感，讓那碗麵成為了我心目中最好吃的烏龍麵。

對我來說，沒有購物行程、一咖登機箱，也能抵擋不少人情壓力。以往只要一走漏要出國玩的風聲，都會被親友們要求代購，雖然他們都會委婉地說：「有看到再買。」但是都到大城市玩了，總不能睜眼說瞎話：「沒有賣耶。」而現在我可以名正言順地回應：「我去的地方只有山和田，行李箱很小裝不下，所以沒辦法幫你們買了。」內心則ＯＳ：「拜託！那些東西台灣都買得到，日本買真的沒便宜多少啦。」

未來，我都要任性地把珍貴的旅行時光通通留給自己，擺脫無謂的束縛。

5

同在一個
屋簷下

學會理性看待他人的物品

在我剛開始斷捨離一頭熱的時候，除了自己的東西，對他人的東西也常常看不順眼。有一次在租屋處的公用廚房中，整理到一盒過期的營養補充品，心想這都過期了，應該是屋主或前租客留下來的吧，沒有多加確認，就把它處理掉了。

過沒多久，室友有些小感冒，想起了那盒營養補充品，在廚房東翻西找，都沒發現它的蹤跡，想到身為室友的我，前一陣子熱血沸騰地進行大整理，才過來詢問：「廚房原先有一盒紫色的補充品，你是不是丟掉了。」

這時我才知道代誌大條了：「原來，那個不是垃圾，是別人需要的東西！」室友有些不開心，口氣嚴肅地說：「你可以整理、斷捨離自己的東西，但是要丟任何不屬於你的東西前，請先確認物品的主人，由本人自己處理。」

這次的經驗讓我深深反省，我太過自以為是了，只想著自己的好處，完全不把他人的需求、生活方式放在眼裡，覺得斷捨離才是王道，但在這之前我不也是跟其他人一樣，喜歡堆東西嗎？

後來我們有了小默契，我依舊會整理、打掃公共空間，但是不再憑自己主觀的認定擅作主張，只要不是我管轄範圍內的物品，不管它有沒有損壞、是不是過期，我都會統一放在一個箱子裡，再請室友們有空看一下。經過全體的確認，沒問題了才可以盡情處理。若知道主人是誰，在整理的當下，我會先傳訊息和照片說：「這些空鞋盒和紙箱，你還有需要嗎？如果不會用到的話，我可以回收掉嗎？」盡到告知、詢問的義務。

當我專注在整理自己的領域、尊重他人的需求時，發現原先對整理、斷捨離提不起勁的室友們也被潛移默化，會在空閒的時候一點一滴地動手整理起自己房間，拍照出清cosplay道具、同人誌，把用不到的物品換成實際的小錢錢，也跟我借斷捨離的書籍去看，還說：「這個月前我一定要把這堆東西處理掉。」

從一個人孤軍奮戰，到三人的堅強陣容，空間的雜物消失了，我們的小窩越來越舒適了。

說到尊重，還有一次因為想累積整理的經驗，我去同事家裡幫忙。她自己一個人住在十六坪左右的小宅，物品量不到爆多，缺乏的是有條理的分類和擺放。我們把她的興趣家私和出國帶回來的紀念品，一盒一盒分好擺在大櫃子中，還挪出一個大抽屜，給她擺放最愛的黑貓收藏，至於櫃子平台上原先積滿許多雜物，佈滿了灰塵，商討過後僅保留最喜歡的幾件清酒收藏和自己的畫作，成為適合擺拍的療癒小天地。

結束後，我詢問她的感想和意見，她說：「變得好整齊好漂亮，很喜歡！以前我都覺得買收納用品很多此一舉，但原來找到合適的這麼重要，那些暫時用紙盒裝的我之後會再去補貨。」

聽到讚美很有成就感，但接下來她的這段話才是我最大的收穫。

「雖然可能是因為我們很熟的關係，但在整理過程中，盡量不要那麼直接地把『這是垃圾吧？』說出口比較好，需要更站在他人的角度著想，畢竟垃圾兩個字實在很敏感，沒有人希望自己的東西被他人說是垃圾，就算是事實、就算對方再親近也一樣，這是我的想法啦，提供你參考參考。」

站在他人的角度，思考背後的為什麼？

很多時候，我們在看待他人的物品時，只以自己的角度來思考，話語不自覺就會說出口：「為什麼同樣功能的鍋子要留好幾個？」「黑色的衣服已經有好幾件了，為什麼還要再買？」「包包一直買買換換，就不能選好一點，用長久一點嗎？」「這麼多的杯子，一個人用會不會太多？」

有沒有發現，這些問句，我們多半只著墨在物品的本身，而沒去思考為何他人有這個需求，到底是什麼樣的原因和契機讓他做出這樣的舉動。譬如當我深入去觀察時，才了解到廚房那些許多沒有把手的不鏽鋼小鍋是如何被使用的。婆婆會趁假日熬煮高湯，放涼分裝，供下周煮粥煮湯，這時一個一個小鍋就成了加熱的好幫手，婆婆也會用小鍋來煮一人份的一鍋料理。也就是說小鍋具備了三個用途，直火加熱的烹調器具、無把手分裝法寶、一人食的大碗公。

當我理解到小鍋的用途後，看待這樣物品的態度就有了一百八十度的轉變，從「不解」變成「真是好東西」。和他人同在一個屋簷下，只要花點心思觀察對方物品的使用習慣，你就對一切多了一份體諒和淡定，甚至還帶點新鮮感：「原來東西可以這樣用啊，太聰明了！」

「大量的物品可能是在意的象徵」，這是我從日本知名整理師古堅純子身上學到的觀念。老師非常擅長銀髮族的整理，她認為丟東西並非萬能仙丹，如果以實現夢想為出發點來進行整理，那麼任何人都會願意動手。一位獨居奶奶家裡堆了上百個杯子，原來她喜歡招待朋友來家裡喝茶，當奶奶有了「居家咖啡館」的美好理想，便主動開始篩選出適合留在這個咖啡館的茶具，並有條理地擺設、佈置，整個家煥然一新，奶奶也有了朝氣。擁有更好的生活，這才是整理、斷捨離的目的，我不斷提醒自己。

常常會有人問我，看到別人囤積很多東西、一直購物血拚，我會不會很想丟、很想要阻止對方？我回答：「不會耶，這本來就是不一樣的生活方式，就像你不能勉強素食主義者吃肉一樣，但是當他有了契機想要改變，需要我的協助時，我才會出手。」

明白自己和他人的需求，不僅可以讓我們在各自的生活模式中和平相處，一方面對自己或對別人也能有更大的寬容，擺脫簡單生活中常犯的「數量迷思」，心靈上更加輕鬆了。

兩個人的簡單生活

時常有人問我，帥哥現在衣服這麼少、物慾如此地低，原本就是個極簡主義者嗎？

其實，在我認識帥哥的時候，他並不是極簡主義者，相反的，是個擁有三座大衣櫃塞滿衣服、喜歡名牌的穿搭控。領帶有十多條，鞋子有十多雙，每天出門前都會精心打扮，穿西裝打領帶去上班，在公司一票T恤配牛仔褲的隨興風裡顯得特別突兀，以至於同事都很愛開他玩笑：「噢，你今天要去吃喜酒嗎？」

他也特別喜歡買一些有浮誇裝飾或圖案的物件，比方說金色獅子頭的鞋拔、緞面花稍的襯衫等等，跟現在的簡約、質樸形象完全擦不上邊。不過在其他物品方面，他都跟正常人無異，甚至很節儉，電腦設備講究CP值、一台機車騎十八年、手機用到壽終正寢才換新，唯獨在穿搭領域有超乎常人的執著。

這一切，起因於剛出社會時，同事隨口的一句話：「誒，我看你每天都穿一樣耶，不覺得很無聊嗎？」帥哥說那時候就是年輕氣盛、脾氣不好，被這麼一講，更不想被看不起，於是漸漸陷入買衣服的漩渦當中。的確，我們很多時候都是因為在意他人的看法、想獲得認同，而做出不是自己真心喜愛的事情，帥哥說：「雖然當時滿足了虛榮心，得體的穿著也獲得老闆的肯定，但並不快樂，生活就是上班、吃飯、睡覺、玩遊戲，日復一日地度過，好像沒有什麼目標可言。」

直到開始接觸弓道，帥哥才有了轉變，弓道的練習讓他有了可以努力、耕耘的方向。我們也因為弓道而結緣，我是在二〇一八年三月加入，他則是晚我一期的學弟，彼此因為共同的課程和練習有了交流。那時候的我已經開始執行極簡，也持續在部落格和社群媒體分享極簡生活的種種，他透過閱讀我的文章，才知道原來有「極簡」這樣的生活模式，也明白十年前他那樣簡樸的狀態，是很正常的，根本不需要為了他人而迷失自己的本心。

找到目標、清楚自己的本質，使得他在斷捨離、決定物品取捨方面幾乎無障礙，短短一兩個月的時間就處理完物品，回歸到天然系極簡主義者的身分。我們也從弓道夥伴晉升到極簡情侶，最後順利成為了極簡夫妻，持續經營著兩個人的簡單生活。

私人區域和共同區域

從同居到結婚，一起生活的這幾年，我們一致認為有自己的區域非常重要。無論房間大小如何，我們私人的物品幾乎都是分開擺放，我們有各自的書桌、雜物區、衣櫃區。舉衣櫃的例子來說，我們各有一大格空間，吊掛衣服和包包，一旁則是擺放著兩個半透明的抽屜收納盒，專放內衣褲、出門用品或者其他雜物。

在自己的區域內，東西怎麼擺、怎麼收、要不要斷捨離，以及打掃清潔通常都交由主人來決定，不過由於整理收納我比較擅長，我還是會給予意見，帥哥若覺得我的方式比較順手，他就會實際應用，反之，則走自己的路。很久以前，我曾經要求帥哥穿過的褲子或睡衣要掛起來或摺好，不要隨意擺在平台上，看起來亂亂的不美觀，但這對他來說實在太麻煩，而要我每次幫他整理也很累，後來我看開了，他依照自己喜歡的方式就好。

至於共同的區域，則由我擔任主導者，來配置動線和物品擺放的位置，在這樣的情況下，想必多少都會遇到一個困擾，不斷被問：「誒，那個×××放在哪裡？」如果成員只有兩個人倒還好，當一家四五六口每個人都來問你，一定會腦神經衰弱，覺得「我光當客服小姐就累了，還做什麼事啊。」「不要再問了，不會自己找嗎？」從芝麻小事釀成吵架的導火線。

為了避免悲劇發生，我在整理的時候，謹記著一個大原則「要以收納能力最弱的人的角度來思考」，盡量簡單化、直覺化，自己收得回去，並不代表

對方就有辦法辦到，以至於東西時常無法順利歸位，搞得自己氣噗噗，還徒增了自己的家事量，一點都不值得。

我在衣櫃上，貼了一張「衣櫃地圖」，手繪的簡圖用三種顏色的螢光筆，劃分成「帥哥」、「美女」、「我們」，並大致寫上各區擺放著什麼東西，讓帥哥知道東西該去哪個地方找，耳根子清淨許多。你也可以應用這樣的方法，延伸出「冰箱地圖」、「客廳地圖」等等，提醒家人也同時提醒自己（畢竟腦容量有限），或者更直覺性的做法是「貼標籤」，像公司和學校那樣，把每一區的物品和抽屜都標上名字，也是一目瞭然的好方法。斷捨離無名家事的訣竅就從這些小地方開始。

提醒小天使和購物會議

不隨意丟他人的東西，也不強迫斷捨離，我們彼此的角色更像是提醒小天使。觀察對方的物品使用狀況，若有東西被打入冷宮，長達數個月到半年以上，就會說一聲：「我看你最近好像都沒有穿那件衣服耶，是有什麼狀況嗎？」讓他意識到這件事情，開始思考原因：「我覺得穿起來有點緊，肚子好凸，應該要買大一號的。」知道下一步應該如何進行，找個時間去買接班人，再一進一出把不合適的衣物汰換掉。

有一次，我看帥哥兩個包包已經一年多沒用了，一個是大托特包、一個是公事包，未來似乎也沒有派上用場的機會，因為他總是會拿其他更輕便、順手的包包。詢問他做何打算，他總是會說：「這個包包當初買很貴耶，說不定之後會用到，先放著。」其實，他不想處理的原因是覺得丟掉太可惜，而且懶得處理。我就提議：「不然我幫你po蝦皮賣賣看，說不定有人願意接收，這樣可以回收一點點現金，OK吧？」後來，兩個包包分別以五百元和兩百元不到一折的超低價才得以賣出。東西一旦經過二手，就會失去原本的價值，在往後購物時，提醒自己不要抱持著「反正可以二手賣掉的心態」，而輕易下手。

照道理來說，物品主人有權決定東西的去留，但如果遇到有其他主要使用者時，也不會輕易處理。還在租屋時代時，我買了一台無印良品的吐司機給帥哥使用，讓他在等我下班吃晚餐前、宵夜時，可以用吐司墊墊肚子，有一兩年的時間，吐司機是我們每日使用的必需品，直到我們搬了家、買了多功能的烤箱，吐司機的功能被取代，好長一段時間都沒有用到。每隔一陣子我就會問帥哥：「我可以把吐司機賣掉嗎？」但不管我如何柔性勸說，千篇一律的回應都是：「不行，它很好用，要留著。」Fine，使用者最大，只能尊重帥哥，這台失去寵幸的吐司機，直到今天，仍舊孤單地躺在櫃子深處。

我們家也有所謂的購物會議，遇到比較高價或帶點猶豫的物件，都會提出來好好討論一番。我有一個皮革的包包，曾躺在購物清單上長達兩年之久，第一次興起想買的念頭時，帥哥給我的意見是：「這個跟你很不搭，太成熟了，不是你的風格，我無法想像它在你身上的模樣。」他也判斷，我目前並沒有合適的場合可以使用，再者一萬多塊的價格，對剛出社會不久的我來說，應該用在其他更能發揮價值的事物上。

直到結婚那年，我再度提起這個包包，終於獲得截然不同的答案：「買啊，很適合你耶。」帥哥又說：「你再兩年也要滿三十歲，已經是成熟的大人了，會遇到更多正式的場合，總是背著菜鳥樣的帆布包，好像不太妥當，你也肖想這個包包這麼久了，證明不是衝動購物，該是時候了。」不久，我們就去實體門市，實際確認包包的重量和樣子後，買下了我的第一個皮革包，作為給自己的結婚禮物。

當然也有完全打消購買念頭的例子，比方說相機鏡頭，帥哥合理分析，如果有兩顆鏡頭，一定會偏好用得比較順手的那一顆，況且目前拍出來的照片他覺得一點都不差，花一萬塊提升那麼一點點品質，實在划不來。更慘的情況是，如果還是覺得原本的好，那不就白花錢了嗎？我就這樣被說服了。

老實說，我還是不免會掉入「少物」的執著圈圈裡，明明產生生活困擾，不舒服了，我還堅持著「再撐一下吧」而不想買，又或者是出現「丟過頭」的情況。有相同理念的另一半，也可以在我要走火入魔的時候拉一把，維持剛剛好的平衡狀態，真的很感激。

家事不分工

從一人生活到兩人生活，原先全都要一個人扛的家事，有了人分擔，對我們來說生活變得更輕鬆了。雖然剛開始同居時會有習慣上的磨合和適應，但值得慶幸的是我和帥哥因為有著相似的成長背景，在喜好和價值觀上也十分類似，生活在一起這麼多年了，幾乎沒有因為家務上的事吵過架。

我想，也許是從共同生活的那一刻起，我們都抱持著一個想法：「不想造成彼此的困擾。」就算沒有特別坐下來談分工，也都很自動自發地撿自己能做的事來做，漸漸地就養成了我們的家要共同維護、彼此互相體諒的默契，進而在自己擅長的家務上發光發熱。

他認為，如果約定好什麼人該做什麼事，要是因為特別因素導致其中一人沒辦法做，另一個要撿起來做，那麼多做的人可能會有吃虧的心理，想著：「我上班一整天都那麼累了，為什麼還要煮飯、摺衣服！今天連洗碗都是我，不公平！」一天一點小計較累積起來，當壓死駱駝的最後一根稻草出現時，「砰～」火山爆炸。

一開始就不分工的話，我們反而會帶著奉獻感來做家事，我是因為想要維護這個家，讓彼此都有舒適的環境，所以自願做這件事，在洗碗過程中想著：「今天帥哥工作特別地累，但我精神還很好，洗碗的事情就交給我，等等他應該會覺得很開心，太有趣了。」前者跟後者雖然一樣都達到做家事的目的，但奇檬子截然不同，不是嗎？

兩個人身高、擅長的領域都不太一樣，長期下來我們進行彈性的分工，走一個適其所長的方式，彼此都覺得這些事情很容易做。比方說帥哥有身高上的優勢，略怕麻煩，因此擅長大面積、簡單不用動腦、粗重的家事，如：洗晒衣服、洗碗、倒垃圾、擦桌子、擦窗戶、清洗家電等。我則是短腿適合接近地球表面的工作，擅長精細、需要思考、做選擇的家務，例如：日用品採買、浴廁清潔、整理收納、煮飯、吸地拖地、摺衣服等。

每天我們會各自找時間去完成分內的家事，像我喜歡在早上打掃，晚上只想休息，帥哥則是喜歡在一天結束前完成家務，早上的精力留給工作。只要了解對方的習慣，就不會覺得：「喂，你是不是在拖延？」抱怨對方不趕快把家事做完，每個人都有自己的時區，套用在做家事這件事也一樣。

每到假日，我們會有共同打掃時間。帥哥先擦他的電腦和桌子，我去打掃廁所或擦其他的地方，接著帥哥擔任干擾去除者，把房間所有可移動的家具先移到客廳，我再進行吸地和拖地，兩人同心協力事半功倍。接著再一起到市場採買一周的食材，我很喜歡走路去買菜，有運動的功能，又能放慢生活的步調，在市場裡和攤販「交陪」、從農夫手中拿到新鮮的蔬菜，透過價格也了解現在什麼「著時」，跟著時令過生活，讓家務進化成一種休閒娛樂，充滿新鮮感和樂趣。

日復一日的家事，無論是誰做久了還是會感到心累，我們家有一個十分有效的解方——把讚美大聲說出來。即便是一起做家事，在完成之後，我也會主動把兩人做的事盤點出來：「你看，我們今天一起把房間的檯面、地板，甚至衣櫃都打掃乾淨了，帥哥還洗了循環扇，美女也把馬桶跟洗手台刷得亮晶晶，帥哥好棒棒！美女也好棒棒！」聽到這些話，不管是誰心情都會很好吧？當然也可以厚臉皮地自己討讚美，隨口問一句：「我有沒有好棒棒？」

我們對陌生人、同事可能常會禮貌上表達感謝，卻忘了身邊最親近的家人，才是最值得感謝、讚美的對象，當一個家充滿美好的語言時，就能斷捨離掉許多不必要的紛爭。

神隊友不是憑空出現，而是在彼此尊重、包容和讚美的環境下，自然誕生的，我們如此認為。

一個屋簷下兩種生活

我們家是標準的三房兩廳兩衛，室內實際坪數大約二十七坪左右，住著我和帥哥，以及公婆總共四個人。雖然同在一個屋簷下，卻有著兩種截然不同的生活方式，是我們與家人的相處之道，更明確地形容，我們和公婆比較像室友的關係。

比方說，我們不會一起吃飯，因為彼此的口味、吃飯時間都不一樣，一邊是中式喜歡早點用餐，另一邊偏好日式且餓了才吃，要集合在同一個餐桌上用餐，實在是一件很困難的事，也會造成彼此的壓力，因此我們選擇自理。

我們的廚房分配是這樣的，家中掌廚者有我和婆婆兩人，平日晚上先由婆婆使用廚房，他們用完餐後，剛好也到我下班回家的時間，可以換我煮飯。至於假日是公婆的休息日，他們喜歡外出覓食，廚房就變成我的遊樂場，我會在這個時候動手嘗試一些花時間的料理或烘焙興趣。我們都會順手收拾以利彼此使用廚房，而我們有各自的小空間擺放自己慣用的烹飪器具和調味料，甚至分成兩台冰箱，一個廚房兩個使用者，配合得剛剛好。

在客廳的牆壁上，還有一個家庭月曆，專門記錄家族聚餐、親友拜訪等重要活動，還有一個功能是——預約用車時間。我們兩人平常是以機車或大眾運輸代步，汽車只有一台全家人共同使用，當有需要時，比方說外出旅遊、返鄉等情況，就會先提前口頭告知彼此：「這天要用車喔。」並且寫在月曆上提醒大家。

許多人對極簡、簡單生活有個迷思：這是單身者或一個人住的專利，若與家人同住或者有小孩的家庭根本辦不到。以我的個人經驗來說，也是從單身到兩人，並邁向多人家庭的生活，要如何持續實踐簡單生活只是困難度高低而已，並非不可能。

因為成長背景和社會風氣的影響下，年長者和我們年輕人的觀念差異頗大，這樣的減法生活並不是所有人一開始都能適應和接受，但我們相信，只要透過樹懶的速度、緩慢地讓這樣的概念浸透到他們的內心，體會到少物帶來的舒適和輕鬆感，就能打從心底喜歡「少一點」的生活方式。

以樹懶步伐接受簡單生活

這段過程中，我們家經歷了兩次的大規模整理，第一次是我們剛搬回老家時，藉著家裡小裝修的契機，一舉汰換了許多老舊的收納櫃，由我們出資採買美觀且收納功能強的物件，也陪著婆婆做第一次的斷捨離。

其實詢問長輩的物品取捨需要點楣角，才會讓他們願意放下，而不是像豎起毛的動物那樣充滿防備。比方說，可以把長輩想成是公司的上司或尊貴的客戶，當我們知道對方不可以被冒犯時，就會盡量用委婉、給予好處或提供其他解方的方式來說話，對方的接受度也會比較高。

在這次的經驗中，我就發現其實婆婆並不是完全捨不得丟東西的人，只因為平常要工作，假日只想休息，整理對她來說是很耗費精力的任務，如果沒有我們的幫忙，她真的一點都提不起勁來做。至於公公，他是學佛的，認為東西有需要就買，用不到就丟，不要囤積不要執著，很有極簡的觀念。

起初，每個物品都會讓婆婆判斷是不是要丟，後來她也累了，直接交給我們說：「有過期的、壞掉的盡管丟。」「你們覺得可以丟的整理成一堆，我再檢查一下就好。」接著就跑去睡午覺了。

我們丟最大量的莫過於過期的罐頭或醬料，它們都被塵封在櫃子裡，時間一久就成了不存在的孩子被遺忘了。不免俗還有一大堆鍋碗瓢盆，婆婆屬於那種看得到才會用的類型，拉開一格一格的廚房收納櫃，看著裡面的東西，就知道平常都沒在用，可以處理掉了。

我們那一次整理了好幾天的時間，丟掉了兩台子母車分量的物品，整個客廳和廚房瘦了一圈，苗條許多，東西也依照使用頻率和類別擺到適合的位置，告訴婆婆物品盡量要順手歸位，相同類型的放在一起才不會要用的時候找不到。

我們也應該要了解整理收納並不是理所當然的技能，它是需要學習的。也許我們對於自己的房間不僅要求整齊，更要達到美觀的境界，但在面對初學者尤其是長輩時，反而要隨興一點、放低標準，六十分甚至五十分就好，三十分其實也不賴，往好處想，比起完全拒絕改變，願意整理已經是一件值得高興的事了。

後來其他親戚朋友到家裡都會說：「哇！變得整潔好多，這個櫃子很不錯，好看又好收！」受到眾人的稱讚，婆婆當然開心，她也用得順手、滿意。

體驗過整齊、方便的美好後，婆婆也慢慢啟動了斷捨離的開關，每隔一陣子會整理家中的角落，甚至還很出乎我們意料地把客廳的大沙發給丟掉，斷捨離這三個字，也從陌生的詞彙變成婆婆生活的關鍵字之一，還可以聽到「我在斷捨離啊」這美妙的話語。

許多人無非是為了想要過好生活，所以才產生了讓長輩一起斷捨離的想法，但我們要知道斷捨離畢竟只是整理收納的一小部分，並不是邁向理想生活的唯一方法。如果老人家真的不願意，也許換個方式，可以把用不到的東西先收起來取代丟棄，如此一來一樣可以擁有舒適的生活空間，又不會傷到家人間的感情，不是兩全其美嗎？

經歷了三年多的時間，一次又一次的整理，我們家的簡單生活進度才來到40％，有句話說：「慢慢來，最快。」用緩慢的步伐，讓兩種生活方式逐步地融合，變成我們理想的模樣。

我們的極簡婚禮

登記可能是最「極簡」的結婚方式，但牽涉到兩家人的事，總無法如所想的那麼簡單，我們只能盡量簡化，集中精力在我們在乎的事情上，那些滿足家人需求的事項，便以「最低限度」來處理。

這一篇我想跟你分享我們婚禮籌備的過程，我們一致認為，這是一種極簡又不失結婚氣氛的理想方式。

婚禮專案 Start！

二〇二一年九月十八日這天，原本只是回老家過中秋，在客廳吃飯看電視時，老媽突然蹦出一句：「疫情有點穩定了，差不多抓時間趕緊把婚禮辦一辦，不然下個月好了。」帥哥彷彿一直在等著這句話，下一秒便回說：「好啊，我馬上請我爸媽挑個好日子。」

在我還一臉錯愕的情況下，人生大事就這樣拍板定案——十一月十四日要結婚啦。短短不到兩個月的時間，進度直接從0％拉到100％，需搞定婚禮大小事，生長在行動派的家庭，時時考驗著我們的應變能力，連結婚也一樣。

好在，我們兩個都是務實派，對於婚禮沒有什麼夢幻泡泡，我們更希望把辦婚禮的錢，花在旅行或日常生活之中，讓喜悅延續得長長久久。這樣的想法，也讓辦一場婚禮，少了許多難度。

多數人覺得最棘手的長輩要求，我們也很幸運地沒有遇到。這是因為從小雙方家長的教育就是讓子女自主，僅進行必要的引導，多數時候都是尊重我們的想法，培養我們成為有自己想法、能獨立自主生活的人，像我當初選科系、申請交換留學都是由自己決定，再把決定告知父母即可。

我們的長輩很可愛，當年都經歷過繁冗的婚禮，覺得這是件耗時耗力，又花錢的麻煩事，同時考量到疫情忽起忽落，難以預料，時間有限的情況下，一切簡單就好。唯一有異議的是爸爸，他希望可以風光地嫁女兒，應該要舉辦盛大的婚禮，但少數不敵多數，最後討論的結果是，只有保留「喜餅、婚紗照、婚戒、文定儀式、訂婚家宴」這五個重點，不收禮金、不對外宴客，婚禮攝影、婚禮小物、喜帖、婚禮佈置等等也省略。

中間若外人或遠房長輩有任何意見，尤其是想要多加點什麼的時候，我們多半以「疫情嚴峻、時間有限、不知者無罪」三面免死金牌，一一回絕，甚至不惜出動善意的謊言。畢竟在時間那麼短的情況下，順利「完成」是首要目標，任何會妨礙任務前進的干擾，我們都需要拿出勇氣，大聲說「不」。

同時，我們也採取分工合作的方式，媽媽考量到我們的時間有限，而婚禮又辦在遙遠的老家，她處於半退休的狀態時間比較充裕，因此主動提出，訂婚宴和喜餅全權交由她來負責，她也認為能幫女兒籌備婚禮是一件很幸福的事，一點都不辛苦。剩下的則是我們兩個人利用假日空檔進行，以下是我們的時程表。

9／21訂喜餅

10／2婚紗諮詢、買戒指

10／3選婚紗、訂做西裝
10／4買婚鞋
10／9拜祖先、買金飾
10／11拍婚紗、媽媽訂好餐廳
10／19挑照片
11／6拿西裝
11／9拿禮服
11／14訂婚宴
11／15結婚登記、還禮服
11／24～11／27發喜餅

十分鐘買戒指

負責人：帥哥和我
講究程度：90％

關鍵字：#基本款 #不要鑽 #速戰速決

花費時間：一天

戒指可說是永久性的夥伴，一點都馬虎不得。帥哥一直很嚮往歐美電影中那種低調簡約的銀色戒指，而我也覺得戒指越簡單越好，畢竟婚戒要陪伴我們到成為老爺爺老奶奶，看不膩、年齡不設限，怎麼想還是基本款最為妥當。

買戒指的過程中，我覺得我們做的最對的一件事情就是，帶著明確的需求去購買，把「鉑金材質、基本款、不要任何鑽石裝飾」這張memo釘在腦袋瓜中，無論櫃姐如何推銷，都能順利抵擋攻勢，前後也只花了十分鐘就搞定任務。

帥哥選擇的是最最基本的鉑金戒，一圈什麼東西都沒有的款式，我的則多一點內縮的設計，讓我的小短手看起來有纖細的感覺。任何場合和日常生活中都很舒適自在，這樣最棒了。後來還發現，我們選擇的品牌設計理念就是「極簡」，好像命中注定一樣。

至於婚戒的盒子，隨著婚禮結束，它也就功成身退，進回收場了。

六十分就好的婚紗照

負責人：帥哥和我
講究程度：60％
關鍵字：#最基本方案 #離家近 #婚禮所需一次到位
花費時間：兩周

先前有陪朋友去婚紗諮詢的經驗，知道拍婚紗是個浩大工程，加上我自己並不擅長面對鏡頭，所以一開始是堅決反對的，但在爸媽的勸說下，加上有禮服租借的需求，這件事還是非辦不可。

考量到方便性，我們找了住家附近，不到十分鐘車程的在地老店，用最基本的方案和最寬鬆的心態來面對一切，很神奇地都往好的方向前進。

由於不挑攝影師和造型師，馬上就有檔期可以進行拍照，顧問姐姐們也全力協助我們在婚禮前可以拿到相本，還幫我們免費升級更有質感的款式。

選擇全棚拍，即便當天下個大雨，我們完全不受干擾，還自備弓道服和弓箭，拍了一組超有代表性的弓道服婚紗照，這也是當初沒有料想到的特別照片，大家看到真正的弓和箭都興奮極了，造型師姐姐還多幫我做了一套頭髮，高效率地在三點前就拍完收工。

若說到最有收穫的部分，便是我更了解自己適合什麼樣的顏色和款式的衣服。婚紗也是衣服的一種，只是誇張化的版本，在婚紗顧問姐姐的專業意見下，試穿了各種顏色和圖樣的禮服，發現我真的非常適合藍色和花朵圖樣！

挑禮服那天，我們前兩套都是選擇深藍色的款式，第一套是韓式花朵的圖樣，另一套是全素鑲金邊的氣質款，拍照給老媽過目，她搖頭說：「不夠喜氣，換其他顏色。」我們又嘗試穿了大紅色、粉紅色、粉橘色的顏色，結果老媽說：「還是第一套好了。」親媽的反應最準確了。

有這次的經驗，後來添購衣服時，我便買了以前不太會選擇的花朵刺繡的藍底針織外套，穿上去人人都說好看，好開心啊。

如果再問我一次要不要拍婚紗，我一定會說：「要、絕對要！」不僅是記錄下人生中最美的模樣，在過程中也體驗到許多非日常的刺激和靈感啟發，未來我們可能會安排孕婦寫真或全家福吧。

至於實體相本我們怎麼處理呢？答案是送給爸媽留念了，我們自己只保留數位檔案，並把它設為電腦桌布輪播（笑）。

一見鍾情的減塑喜餅

負責人：我
講究程度：100％
關鍵字：#送禮送到心坎裡 #減塑 #個人風格
花費時間：挑選一天、發送一周

以前我就很熱衷於送禮物給別人，無論是親手做的還是購買的，這過程中設想對方的需求和使用情境，花心思尋找、製作，盡可能挑選出符合個人風格又能送到對方心坎裡的物品。

在送禮的當下感受到對方的驚喜和喜悅，自己也會有滿滿的成就感和幸福感，就像有同事喜歡不時買零食餵食大家一樣，她說：「看大家吃得滿足，我也很開心。」我很能體會這樣的心情，認為送禮是一個生活中可以增添樂趣和凝聚感情的無可取代體驗。

也因為這樣，喜餅是我在婚禮籌備中，第一個保留的項目。不過考量到老少的口味不同，我身邊朋友的喜餅是由我自己處理，我叫它「年輕人的喜餅」，長輩們那邊則是交給媽媽一手包辦。

事實上，當初帥哥對於我要自己訂喜餅是持反對意見的，他認為這樣要花不少錢，也不一定有廠商願意做這麼小的訂單，更別提時間問題，實在太費工了。但我明白告訴他這對我來說是很重要的事，已經期待許久了，我希望可以滿足自己的願望，我也願意自己來處理這件事，錢我也自己花，就這樣無異議拍板定案了。

買東西的時候要列需求表，喜餅也一樣。

我的理想喜餅最堅持的一點是「不要有塑膠包裝」，盒子可回收或者重複使用，不希望分享喜悅必須伴隨著一堆需要處理的垃圾。要自己搭配內容物的也不要，這需要試吃太花時間了，而且因為只要二十五盒，無法少量訂購也出局，我羅列了約莫八個條件，簡直比皇上選妃還嚴苛。

估狗關鍵字「減塑喜餅」，一一點開前輩們的分享文，將圖片放大再放大，眼睛都快貼到螢幕上，就想確認是不是「真的沒有塑膠包裝」，有些標榜減塑，但其實只是減少塑膠用量不是完全沒有，就只能謝謝再聯絡。

最後，唯一符合所有條件的只有來自台中的「順道パン」。一款沒有多餘塑膠的鐵盒餅乾，用著日式風呂敷布巾包裹取代一般的提袋，各種可愛的手工餅乾，還有小松鼠和檸檬的圖案，外貌和內涵兼備，簡直是一百分！太適合因弓道結緣的我們了。

看著大家收到喜餅時驚豔、開心的表情，每個人都不由自主地拿起手機大拍特拍，稱讚這是有史以來見過最夢幻的喜餅，甚至發生超逗趣的烏龍事件，都是這次婚禮的難忘回憶，一切的堅持，真的值得了。

我挑選的芥黃色底搭配繡球花的風呂敷，也融入了親友們的日常生活中，不時都可以在社群照片中看到它的身影，這份美好和喜悅持續著，真是太好了。

不挨餓的訂婚家宴

負責人：媽媽

講究程度：10％
關鍵字：#親友限定 #好好吃飯 #分工合作
花費時間：一天

比較特別的是，我們以訂婚家宴來取代一般婚禮，用意只是為了告知親友們，你們眼中那個小不點要出嫁了，你們的大姐姐（我是長孫女，有二十幾個堂表弟妹）要步入人生另一個新階段了，也是一場家人間難得的聚會，想讓大家好好吃飯聊天，交流彼此的近況和閒話家常。

我們選擇的是離家不到十分鐘車程的四十年老字號餐廳，從小到大不知道已經吃過幾遍，省了試菜和與店家建立信賴感的手續，媽媽在我們拍婚紗那天下午就訂好了可容納六桌的包廂，還加帶一間新娘休息室。

如果要我為婚宴當天下個關鍵字，便會是「每個人都是工作人員」。我們沒有攝影師、婚祕、媒婆、主持人、伴郎、伴娘等等，過程中冒出的任何需求，都是由現場的親友們主動參與協助。

比方說婚宴前一天，媽媽、我和帥哥合力將客廳佈置成溫馨的文定儀式場地，把桌椅調了位子、好好打掃一番，在大茶几鋪上喜氣的粉紅色桌巾，擺上滿滿的喜餅，兩面牆上也各貼了一張大大的囍字，還setting了我的專屬座位和踩腳凳。

剩下的時間，則是處叛逆期的妹妹難得興致來幫我做光療指甲。雖然她脾氣糟，喜歡到處趴趴走不回家，但是骨子裡依然對家人很有依賴，還特地去買新衣服就為了參加姐姐的婚宴。

當天一大早去給媽媽的朋友，也是我熟悉的漂亮阿姨做造型，獲得一顆標準新娘頭和新娘妝，回家後趕緊呼叫帥哥來幫忙穿禮服，研究nubra要怎麼貼、當初婚顧姐姐怎麼幫我穿的就依樣畫葫蘆，反正來的都是親友，不完美大家也都不會介意的。

前一陣子也辦過婚禮的媽媽朋友，擔任文定儀式主持人兼指揮，我就照著指示端茶水給未來的家人群、乖乖坐在椅子上給婆婆和媽媽戴金飾，再跟帥哥交換戒指。到了婚宴的重頭戲，二妹擔任直播員，開視訊給遠在越南工作的爸爸有參與感，多年未見的大舅媽則是當起我的伴娘，在沿桌敬酒的時候，幫我開路和拉裙襬。至於攝影師呢？每個人都是啊！

我們就在一場有著大家滿滿祝福和協助的婚宴下，完成了人生大事。

如果你也想要舉行一場極簡婚禮，跟我一樣時間不充裕的話，可以先問問自己，優先順序是什麼？婚禮、喜餅、婚戒、婚紗照等等，哪些對你來說是最願意投入精力和金錢的呢？挑一兩個想要講究的部分全神貫注，如果什麼都要求一百分只會給自己很大的壓力，畢竟有許多事情是我們無法掌控的，還是得要留點餘裕來面對突如其來的事項。

至於你沒那麼在意的部分，就放膽地分配給其他家人或外包給他人吧，「完成」比「完美」來得重要啊！

6

將減塑加入
簡單生活

減塑的契機

坦白說，我完全沒有想過我會從極簡生活走向減塑生活。「環保」對我的吸引力並沒有那麼高，畢竟我是一個大懶人，而在印象中，「環保」兩個字就跟「麻煩」、「浪費時間」、「不美觀」、「昂貴」劃上等號。

以前的我其實是個省事、省錢擺第一的垃圾製造者。

因為租屋處沒有廚房，冰箱空間又很狹小，每到吃飯時間，總是提著裝有外帶餐盒和免洗餐具的塑膠袋，手上拿著一杯手搖飲料和免洗吸管。如果店家詢問要不要餐具和醬包，我一定是說要的那個人，要是走到一半發現店家沒有放，一定會掉頭回去拿，而不是選擇用家裡有的。我想節省那些清洗自己餐具的手續，但完全沒有考慮到後續免洗餐具清洗、回收所耗費的時間，只想著當下的方便。

當然也少不了大大小小的網購包材和紙箱，還有無數的拋棄式用品。每到丟垃圾時間我總是要提早五分鐘stand by，不是垃圾車不準時，而是我要把一袋又一袋的垃圾和回收物給移到門口，要不然錯過又要等到下個假日才能倒了（為什麼垃圾車都排擠單身上班族啦）。

你大概可以想得到，一周份的垃圾有多驚人了。有時候還會被鄰居阿姨側目，臉上表情寫著：「夭壽喔！一個小小的女孩子，丟那麼多。」甚至連回收車阿伯都不止一次跟我說：「妹妹啊，不要積這麼多才丟啦。」

但我也只能無奈地笑笑說「好喔」，然後下次還是繼續當垃圾大戶。

每到夏天，這些裝著食物殘渣、果皮的容器，簡直就是蚊蟲們的滿漢大餐，在我的印象中大概遇到了至少三次蟲蟲危機。垃圾袋上，長了一堆可怕的白色蠕動生物。OMG，蟑螂老鼠我都可以氣定神閒地幹掉，唯獨軟軟的、會扭來扭去的蟲子，我真的無法接受，連看到照片都不行，更別說面對面跟牠們對尬了。

後來我學到一招，直接在陽台擺一罐殺蟲劑，只要偵測到苗頭不對，好像有什麼東西蠢蠢欲動，我就會卯起來狂噴，以確保在下一個丟垃圾日來臨前，垃圾們都會乖乖地待命。這招真的有效！

搬到五樓公寓後，丟垃圾的難度又高上一級，簡直就是免錢的健身房。還有一次，吸引了小老鼠在我們家陽台寄住。把牠放生，一段時間又跑回來，五樓耶，到底是怎麼辦到的啊？但某一次颱風天過後，噢、牠往生在遮雨棚上了。

諸如此類，「垃圾與它們的好朋友」的戲碼每隔幾個月就會上演一次。

你大概也可以猜到，我會想要減塑，不是為了遙不可及的環保理想，而是解決發生在我身邊的各種垃圾衍生出的問題。說是這麼說，減塑這件事比斷捨離還要難上很多，斷捨離很多方面是自己有辦法控制的，減塑、減少垃圾會牽涉到整個大環境和同住者，常常需要麻煩他人，對我來說是滿有障礙的。

所以剛開始我下手的，都是那些不用改變太多使用習慣、在家就可以做的減塑行動，我第一個鎖定的目標就是「會產生異味的廁所垃圾」。

估狗大神推薦給我的酷東西——布衛生棉

廁所垃圾的組成，大概就兩樣，衛生紙和女孩子每個月一次的大量衛生棉。

看起來是不是很簡單？衛生紙可以選擇水溶性的，沖馬桶就解決，那衛生棉呢？有沒有可以替代的方案？

再次請示估狗大神。月亮杯、布衛生棉都是估狗大神給我的好點子，但前者屬於侵入式的產品，對連棉條都沒用過的我來說，要跨越的門檻太大，直接pass。相較之下，布衛生棉是阿嬤時代就有的東西，有一股安心感，加上環保意識的抬頭，也讓這類的商品越做越好，機能大提升，重點還很可愛，直接虜獲我的心。

當時考量到要好清洗，我買的是無數前輩一致好評的櫻桃蜜貼布衛生棉。日用五片，總共花了我一千兩百七十元，說真的不太便宜，但是據說一片可以用上兩到三年，換算下來還是挺划算的。

剛開始我並沒有完全捨棄拋棄式衛生棉，布衛

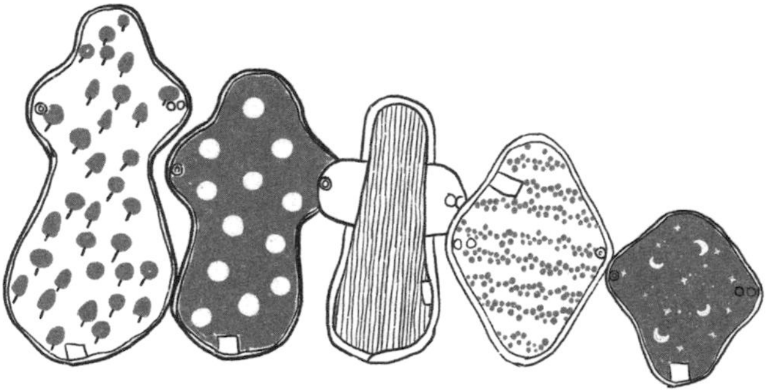

生棉只在家裡使用，一來是需要點時間試水溫，二來是庫存的拋棄式衛生棉還是得消耗掉。磨合期的這段時間，我覺得比較有障礙的還是清潔這件事。

布衛生棉清潔第一步是清水沖洗血漬。把沾了經血的衛生棉，在水龍頭下一片一片沖洗，可以配合搓揉加速血漬清洗的速度，直到絨布表層看不到經血為止，後續進行浸泡和手洗（也可以機洗）。

起初內心有些疙瘩，次數一多習慣了之後，我反而覺得有點療癒，看著每一次的經血，就好像在跟我的身體對話：「最近幾次量比較多、血塊也比較多，是什麼原因呢？」「原來第一天的量這麼少啊。」之前，換下來後只想趕緊包一包丟進垃圾桶，壓根兒不想看一眼，說不定因此錯過身體發出的警訊呢。

布衛生棉不僅舒適，靠自己的力量把髒汙去除、恢復乾淨整潔，且循環再利用，讓我覺得努力有所收穫，而且垃圾也順利減量了，成就感遠遠大於付出。推著我在短短幾個月內，就補足布衛生棉的量，正式告別拋棄式衛生棉，持續使用到了現在。同時不忘當個布棉大使，大力推廣。

布衛生棉的經驗，讓我第一次體會到，環保不再那麼遙不可及和充滿理想，是真的有助於讓生活更方便，啟動了我的減塑開關，讓我有動力持續地做下去。

越做越起勁的減塑之路

繼布衛生棉之後，我的戰鬥範圍依舊圍繞在一坪的浴廁空間裡，理由有三個。第一，這裡是我的療癒聖地，由於頻繁地打掃、擦拭，沒有難看的水垢和異味，躺在地上睡覺都沒問題，我希望它可以更好。第二，空間小難度低，無論是培養打掃習慣，還是斷捨離練習，我都會推薦從這裡開始。

第三，浴廁，其實是家中第二大塑膠拋棄式物品的集中營。舉凡牙刷、沐浴球、牙線、牙膏、濕紙巾、沐浴乳、洗髮精、護髮霜、棉花棒、海綿、清潔用品……全都是每隔一陣子，會出現在購買清單和陽台垃圾堆裡的東西。

這些必需品當然不可能說斷捨離就斷捨離，生活總是要過的，如果「不使用」

是最佳選擇，第二佳的選擇就是替換成可重複使用的，或者對環境負擔較小的天然材質。完全不需要改變習慣，很好，我應該可以辦到。

竹牙刷與它的好朋友們

我第一個挑戰的東西是牙刷。

正常情況下，牙刷每三個月就要換一次，所以我跟帥哥兩個人，一年至少會有八支廢棄牙刷，軟毛的牙刷耗損率更高，差不多一個多月就壽終正寢了。而牙刷由刷毛和桿子等複合材質組成，自然不能回收，只能扔進垃圾桶。

想起有位在大學新生營隊認識的朋

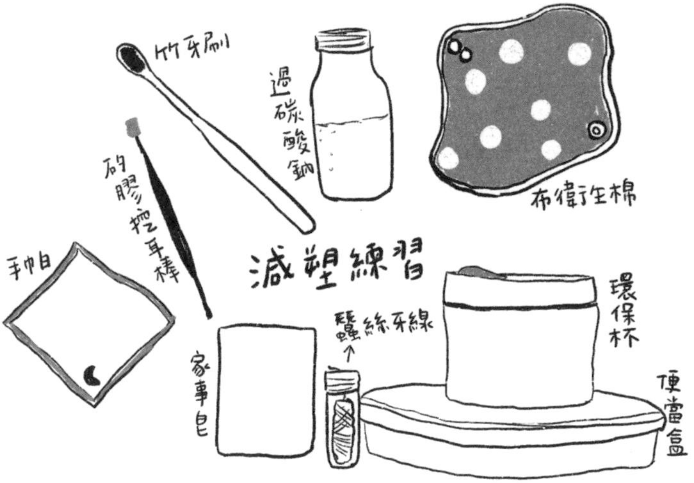

友，曾經在臉書上分享多款竹牙刷的使用經驗，因為現實朋友圈中，那麼在意環保、會去實踐，並且願意分享的人真的不多，那篇貼文顯得特別吸睛。

她說竹牙刷大致上分兩種材質，一種是天然刷毛，另一種則是尼龍刷毛。天然刷毛又有豬毛和馬毛兩種選擇，豬毛相較馬毛柔軟，最接近我們常用的軟毛牙刷，至於尼龍的刷起來就跟一般的牙刷完全沒兩樣，可以無痛轉換。

她也特別提醒在挑竹牙刷的時候，要注意桿子的做工，若刷頭太大或磨得不夠細緻，刷起來可能會覺得刮刮的，不太舒服。而天然毛雖然百分之百可分解，但可能會有掉毛的風險，遇到品質不穩定的，刷完了你就會獲得伴手禮——一嘴毛。

沒想那麼多，我就直接選擇她的心頭好——元泰竹藝社的極細白馬毛竹牙刷，一支一百八十元，這價錢讓人稍微抖了兩下，不過想想也很合理，畢竟這不是可以快速大量製造的產品。重點是，這支牙刷來自雲林老家附近的南投竹山鎮，支持在地傳統產業轉型又能減塑做環保，兩全其美啊，棒棒。

到貨那天，我們兩個興致勃勃的，照著使用說明先泡一下熱水做刷毛的軟化處理，稍晚直接上陣。刷毛比想像中的柔軟又有彈性，毛夠扎實，刷完後，用舌頭舔牙齒，感覺到比平常還要乾淨，帥哥也有同感，整個愛上。

我們也發現，動物毛非常耐操，刷到要汰換時也絲毫沒有開花的跡象，退役後特別適合拿來做打掃清潔。就這樣我們順利地成了竹牙刷的信徒，可喜可賀。至於掉毛的情況，三年多下來只遇到過一次，不太需要擔心。

後來我又陸續找到其他必需品的替代品項，比方說把塑膠牙線換成了玻璃罐裝的蠶絲牙線，如果是素食主義者，則可以選擇玉米纖維的材質，兩者都有販售補充包。沐浴球和化妝棉都被我用萬能小手取代了，如果你有需要，也可以選擇絲瓜絡或可重複使用的卸妝巾。

至於棉花棒，我有一根矽膠的掏耳棒，如果是要去除洗澡後的水分可以用吹風機吹乾或者衛生紙擦乾，這是醫生建議的。沐浴用的瓶瓶罐罐類，都有用完會消失的洗髮餅、潤髮餅、手工皂等替代選項，如果不習慣，也有空瓶回填的選擇。

意外的好處是，會對推陳出新的酷炫產品免疫，從那個好、這個也不錯的魔掌中脫離。

「裸體最好，謝謝。」

下一步，我們來處理網購的垃圾。

如果可以的話，實體店購物當然是首選。比方說，一兩樣小東西，我就不會糾結要特定品牌，直接在日常活動範圍內的店家買。但有些東西可能只在網路販售，或者疫情嚴峻的期間想減少人與人的接觸，又或者更多的情況是，沒有時間。

那第二個對策，就是從「減少網購包材下手」。

首先，選擇在優惠的折扣日一次性網購補貨。沒錯，我還是會囤貨，但囤貨的理由不是怕買不到，而是節省資源和物流成本，也能省下頻繁購買的時間耗費，尤其對身為家中採購大臣的我來說更是如此。

長期累積下來，就可以省掉好多紙箱和包材，還有處理物品進家門的手續等等，只要做好總量控管取得空間的平衡，稍微多買一些是沒問題的。

你也可以試著觀察各大網購通路的包裝情況，有些會為了快速到貨而分箱出貨、有的一層一層泡泡紙包得像麵龜一樣，我會盡可能選擇包材少的。如果是撞了也沒差的日常消耗品，試著在下單時多一個小小的步驟——提出減少包裝的需求。

打幾個字，就有很大的機會可以減掉垃圾，是不是很划算呢？

這幾年無包裝商店越來越普遍，半數店家也陸續提供網購的服務，造福外縣市的減塑大臣們。你可能會想「還是會產生垃圾，無包裝根本沒意義啊」，不不不，正因為是站在同一個陣營的無包裝商店，我們提出的各種減塑要求他們都覺得「很正常」。

比方說，我最常寫在備注欄的一句就是：「麻煩盡量減少包裝和包材，裸體最好！感謝~」收到的回覆不是「sorry，沒辦法耶」，而是「沒問題，那牙刷的紙盒就不給你囉~」「這次因為有玻璃罐，所以還是會稍微包一下，但使用說明書就不附囉。」不覺得很開心嗎？

打開包裹，就像是驚喜箱，期待的不是我買的東西，而是店家會怎麼減塑包裝。你不會看到泡泡紙或破壞袋這類的東西，取而代之的是印著幾年前年分的日曆紙、不知道誰家的電信繳費單信封袋、哪個紙箱剪下來的紙板、廢棄牛奶瓶裝的過碳酸鈉，還有只會在你買水果時出現的水果套，至於兩支竹牙刷則是用很像新鞋或包包裡塞的薄棉紙包起來。

把採買的東西歸位後，剩下的包材通通可以回收，而且沒有因為我的一次消費製造新垃圾。試過一次，你就會明白那種成就感，會上癮的。

有「裸體」失敗的經驗嗎？有！

有一次買一罐睡眠噴霧，下單時一樣備注盡量減少包裝，過沒多久就收到了店家的訊息：「我們所有商品出廠時都是盒裝，沒辦法去掉外盒的包裝喔，聖誕腰封就依據您的要求不加上去了～」

當下會覺得有點可惜，不過也很感謝店家的行動。也許現階段不能事事如意，往好處想，如果你和我以及其他人，都主動提出減少包裝的需求，小小的聲音越來越大，哪天就產生轉機了。

「我要用環保杯！」

接著進階到需要改變習慣、和他人配合的品項，通常這類東西都是外出使用的，最佳的代表便是杯子和便當盒。但我們家買飯是帥哥的任務，目前還沒進展到這個階段，所以我選擇跳過，杯子先來。

自備杯子買飲料，也許對許多人來說是幼幼班等級的減塑行動，在我眼裡卻是需要累積一定的減塑經驗值、對自己有足夠的了解，才能挑戰的進階關卡。

因為我曾經失敗過兩次，對自備杯子有點陰影。

兩次都發生在我還是散財童子的時期，那時候不是為了環保，單純是愛買杯子，在什麼都不了解的情況下，只憑外表就買了兩個玻璃材質的杯子。

一次失敗的原因是杯子容量太小，超商的咖啡幾乎都裝不下，現場和店員經歷了一陣尷尬之後，就再也不敢嘗試了。另一次則是跟杯子八字不合，一個禮拜內就手滑破了兩次，白白損失了好幾百塊。

所以第三次的挑戰，我不得不謹慎一點。在買新杯子前，我先試著觀察自己買飲料的習慣，時間點通常是平日中午、假日出門，偶爾早上，其實很不固定，所以材質的選擇上要夠輕巧且體積小，才能夠隨身攜帶。多半是買手搖飲料，幾乎不買咖啡，而手邊已有５００毫升的保溫瓶，所以容量至少要７００毫升才裝得下。

玻璃首先淘汰，不鏽鋼體積又太大，塑膠完全不考慮，剩下的唯一選擇就是「矽膠」。即便矽膠有吸附味道、容易殘留色素的缺點，但如果我都只是裝茶類飲品，而且定期泡過碳酸鈉進行深度清潔，就不是什麼問題。

最後，我買的是一款可摺疊的矽膠杯。它容量將近７５０毫升，也可以凹成中杯的大小，收起來的體積就跟一顆小漢堡差不多，帶它出門完全沒有負擔。

「你好，我要一杯大杯的玉荷冰綠，無糖少冰，用環保杯。」點著飲料的同時，把手上的杯子「解壓縮」遞給店員，最後再說一句：「悠遊卡，發票存裡面，謝謝。」幾分鐘後，從店員手上拿取冰冰涼涼的飲料，順手放進自備的微熱山丘小布袋，完成無塑買飲料任務，走路都有風了。

即便很多人都說它軟綿綿的只適合平穩地移動，帶著騎機車會是一場悲劇，材質的特性又會黏一堆灰塵、毛屑（用久就還好了），對我來說還是瑕不掩瑜的好東西。只能說任何的商品沒有好壞之分，只有適不適合自己，尤其在選購環保產品的時候更要多注意這點。

從這次的經驗，大概可以總結出三個成功關鍵，適合自己的工具、習慣的建立、持續行動，才能避免變成三分鐘熱度，為冷宮增添一名成員，又再次陷入斷捨離的循環。

如果你也想開啟減塑行動，我的建議會是，先從你最感興趣、有辦法上手，或者對生活造成困擾的項目開始執行，那種不用改變既定習慣的成功率最高，一步一步慢慢地行動，長時間下來，你會發現開始會有人叫你環保小尖兵了。

兩人的減塑練習

自己開始減塑練習後，體會到這樣的生活模式其實沒有想像中的困難和辛苦，只要在一些小細節，付出一點點的努力，就可以減少許多看似方便，但背後是無限循環的麻煩。最代表性的例子就是環保杯。

一次性的杯子，喝完都要先把封口膠膜撕掉，有的還特別強韌，怎麼撕都撕不掉，再把吸管抽掉、沖洗，最後丟到對應的垃圾桶和回收桶，等待垃圾日的到來。現在就只要清洗，從源源不絕的單向通道到永續循環的圓圈，少了不斷做決策的工夫，負擔更小了。

不僅如此，還能獲得額外的好處，像是買飲料時店員會直接幫你裝滿，中杯自動變大杯、大杯變特大杯，還可以折價。

這時我不免會想，如果這份喜悅可以分享給最親近的人就好了，便開始試著「邀請」我的先生——帥哥，加入減塑的行列。

自己做和說服他人做是兩碼子事，通常在提出請求時，第一個會遇到的困難不外乎對方會反問你：「我為什麼要這麼做？有什麼好處？」這時應該怎麼辦呢？事情就發生在環保杯的續集——我想邀請帥哥使用環保杯。

邀請使用環保杯大作戰

當時是這樣的情況，他跟我一樣很愛喝茶，中午總是習慣去便利商店買無糖茶，如果有第二件優惠，他就會一次買兩瓶，其中一瓶帶回家喝。以至於我們房間的桌上，時常會出現寶特瓶的身影，彷彿貼著「我是垃圾，等等要處理喔」的標籤。

之前我可能還不會覺得怎麼樣，但當你習慣喝飲料不產生垃圾時，就會覺得那些瓶瓶罐罐＝視覺噪音，很想消滅掉它。

想要說服他人時，得順著他的個性和喜好下手。我知道他很怕麻煩，方便擺第一，即便如此對於新事物都算願意嘗試，前提是有合理的理由。於是我採取循循善誘攻勢，竭盡所能拿出一堆「好處誘惑」他。

我跟他討論，我們冰箱不是都會備著冷泡茶嗎？如果買個摺疊杯給他，讓他每天早上裝茶去公司喝好不好，這樣不僅一天可以省下××元，自己泡的茶還比較好喝，裝個茶其實也不會很麻煩，甚至是我幫他裝好也可以喔。

完全避開減少垃圾、環保等字眼，因為這些對他來說一點吸引力都沒有，只會覺得我硬是把自己的價值觀套在他身上，會更想反抗。

「好像有道理耶，試試看好了。」果不期然，奏效了。第一天實行回家後，他說自己帶真的很不錯，自家冷泡茶好喝多了，而且杯子有刻度還能知道自己喝了多少水，非常方便。在得知杯子的價格後，更覺得不可以浪費，要好好使用，這也是一個激發動機的好方式。

不過事情總是沒那麼簡單，在習慣養成的路上多半還是會出現小狀況。後來他有時候會忘記把杯子帶回來，或早上忘記裝。對習慣空手輕便去上班的他來說，多帶一個杯子和手提袋是非日常的行為，剛開始新鮮可能ＯＫ，時間久了熱情淡去，在沒有特殊誘因的情況下，忘記或懶得帶都是很合理的。

這時當然不能說：「我都花錢買了，你怎麼都沒有用！」要把這種帶有脅迫性、情緒勒索的話語，委婉地換個方式詢問：「最近都沒有看到你帶杯子回來耶？」「你對這個杯子有什麼新感想嗎？」從他的回答中，推敲出問題所在——不習慣多帶一包東西上下班。

既然目標是減少寶特瓶的產生，還有沒有其他的方法呢？當然有的，解法往往不會只有一個，動腦筋想就有了。我們就調整成，買茶包給他放在公司慢慢泡，只要有茶喝，就能降低去買飲料的頻率，偶爾嘴饞買一下不礙事的。漸漸地，我們兩人都擺脫了對瓶裝飲料的依賴，從每天一兩瓶到幾個月或特定需求才一次。

我自己也發現，有時候會想要買飲料，跟購物慾很像，只是一時興起。要說我真的有特別想喝什麼嗎？也不見得，往往在冷藏區看了老半天，有時候買了，在辦公室放了一整天也沒喝幾口，就這樣倒掉好幾回。我意識到這點，便切斷這個「只是想買」的行為，兩手空空走出便利商店，少了花費也少了浪費，挺不賴的。

洗髮餅和沐浴乳

帥哥的減塑開關被稍稍打開後，只要不是太強人所難的練習，他都不太會拒絕，後來遇到的問題多半是嘗試了之後不習慣、不適應，其中我們花許多時間找平衡的是沐浴用品的部分。

精簡瓶瓶罐罐一直是我們簡單生活的一環，一開始為的是保持浴室的清爽和方便。比方說，覺得瓶罐體積很大，所以改成購買補充包，後來得知補充包是複合材質，比瓶罐更難以回收，於是選擇綠色生產的產品，例如再生塑膠的瓶罐或關注環境永續的品牌。

直到我們開始嘗試固態清潔，事情就開始變得不一樣了。首先發生在我身上的是膚質不適合。原先洗沐浴乳沒問題，一換成肥皂，就算是特別挑選乾性肌膚使用的，也是會感到乾癢，不抹乳液就會抓個不停。洗髮餅也出現類似的情況，剛開始其實都沒有什麼異樣，幾周過去，一個一個小異狀冒出來，頭怎麼特別地油和悶，還有雪花飄飄的頭皮屑。

洗髮餅巴掌大小小一塊，抵上一罐3、400毫升的瓶裝產品，等於是少了水分的濃縮配方。至於手工皂或洗髮皂（洗髮餅偏中性）等皂類，不管加了多少精油還是滋潤配方，還是偏鹼性，清潔力與沐浴乳相比，自然來得要強上一些。

優越的去脂力，碰上我乾巴巴的肌膚，不出問題才怪。但我自己也發現，若是採用洗潤合一的洗髮餅就沒有問題，不僅清潔力更溫和，洗完頭髮也不會那麼毛躁。

至於帥哥的情況，雖然沒有膚質不適合的問題，但他坦白地說：「雖然洗起來ＯＫ，但是我用洗澡巾不太好抓量。你看喔，沐浴乳我可以算一次幾下，肥皂我就沒辦法了，不是太多就太少，每次都不一樣，洗到背的時候，都沒有泡泡了。」

因為從小習慣用沐浴乳，他覺得使用肥皂洗澡這件事反而會帶來些許的麻煩，無法長久，還是希望可以用回原先的沐浴乳。洗髮餅反倒是個好東西，以他的短髮來說，只要把頭沖濕，髮餅直接在頭上擼個幾圈就有很多泡泡，洗起來也很清爽乾淨，所以願意繼續使用下去。

最後我們達成共識，頭髮就用洗髮餅，身體回歸沐浴乳。為了達到循環減塑的目的，我們會改成去無包裝商店填充或者選擇提供瓶罐回收的品牌，如此一來兩人都可以舒舒服服地洗澡又不產生垃圾了。

如果你也想讓家人或伴侶一起加入減塑的行列，想跟你分享三個要訣。

第一步，跟斷捨離一樣，必須要自己先做好和營造環境，你可以時不時地跟對方分享一些相關書籍的想法，或者自己在練習中的心得。如果對方願意的話，邀請他一起看相關的影片，我自己很推薦專題節目《看板人物》採訪了住在台中的零廢棄夫婦——尚潔和阿選那集，他們也是《沒有垃圾的公寓生活》一書作者。

第二步，挑戰不說「環保」關鍵字來邀請他們練習。這就跟賣保險，不直接推銷保險一樣，盡量避開「環保、減塑」等字詞，對他們來說，這不是誘因，只有麻煩和覺得你在傳教。

針對你想推銷的產品，說說立即可以感受到的好處，比方：「每天有好喝的茶可以喝喔」、「可以省很多錢耶」或者套一句我公公最愛說的：「飲料都有塑化劑和添加物！」金錢、美食、健康、安全都是很有說服力的方向。

盡量保持著邀請、試試看的態度，可以說：「不適合我們就恢復原來的樣子，如果OK再看你要不要繼續。」人在覺得自己是受到尊重、有選擇權的時候，就比較願意接受。

第三步，從簡單的做起，一次增加一個就好。如同自己的減塑練習，可以先從不用改變太多習慣的事項開始做起，不拿發票改用載具、使用天然材質的消耗品等等。若遇到困難的時候，釐清對方不想做的原因，可能是彼此對麻煩和方便的認知程度不同，針對問題下手，方案一不行那就備案二，不需要堅持到底。

只要能一點一滴地讓減塑的觀念滲透進對方的腦袋中，你就會發現他會漸漸習慣重複使用、不浪費的生活模式了，甚至找到自己的樂趣。有時候反而我還會被提醒呢。

一個人到兩個人甚至到一家人，有夥伴會更有動力，家人之間的凝聚力也會變得更強，產生善循環，是很棒的體驗。

愛上減法保養

我現在的清潔很簡單，臉和身體大多只用清水，身體只有私密部位使用沐浴產品，真的髒到不行的時候，才會全身洗泡泡，頻率大概幾周一次，這讓我乾癢脫屑的皮膚好轉不少。唯有頭髮我會使用洗髮餅，曾經試過什麼都不用，但發現這會讓我的頭髮變得很糟，不舒服，又乖乖地把必需品加回來了。

全身洗乾淨後，用毛巾擦乾，把頭髮吹乾梳好，就什麼也不抹，完成了我的保養流程。

沒錯，我現在是一個走極簡保養路線的肌斷食實踐者。但你知道嗎？在這之前我可是個不折不扣的「保養控」，一切的故事得從十五年前，臉上冒出的第一顆痘痘開始說起。

保養控降臨

國中進入青春期，一顆一顆的小痘痘降落在額頭跟我打招呼，接著出現在鼻子、鼻翼兩側和嘴巴四周，這是從小學五年級在安親班廁所照鏡子發現有黑眼圈以來，又一個震撼彈，「噢！我平滑的臉怎麼又長出怪東西了，好醜。」

就算求救老媽，她也一臉我大驚小怪的樣子，淡淡地回答了一句：「青春期本來就會長痘痘，看起來也沒有很多，沒關係啦。」

既然討不到救兵，我只好自力救濟，來去問問估狗大神。結果你也知道，在搜尋結果最頂端的一定是「青春期保養品大推薦」、「爛臉救星！擦了這罐，痘痘隔天消失」各種你要買什麼才能解決問題的資訊。

當時我還是個思想不成熟的國中生，哪有什麼判斷能力，人家說什麼有用就跟著買，也的確某些保養品真的有用，痘痘好像消了一點，皮膚光滑了一點，更讓我相信：「保養品是必要的，保養萬歲！」

從那時候起，我就一腳踏入「天天保養的世界」，一去不復返。熱衷到我還加入美妝評測網站的會員，申請試用品寫心得分享，能免費拿產品又只要寫幾百字使用感想就好，這對學生來說多麼有吸引力啊。

成為極簡主義者

就這樣買買買、用用用，過了好幾年，我遇到了極簡主義。你以為我立馬捨棄了所有保養品嗎？並沒有。

不僅沒有脫離保養教，反而認定是必需品，變本加厲更捨得花錢在保養品上。從幾百塊的開架產品，進階到專櫃的上千塊眼霜、淡斑精華，不知道哪根筋不對，覺得貴的一定有它的理由（其實都是貴在廣告行銷費啦），導致「保養品支出」成了生活開銷中很突兀的一項。

這時，我才開始運轉腦袋瓜，思考「保養品」的必要。像名偵探柯南一樣，一一把「不對勁」、「有問題」的地方，問自己一遍。

「哪些用了無感呢？」「痘痘調理精華和眼霜好像用心安的，而且小小一罐好貴，把它們用完就淘汰出局，不買了。」

「皮膚出現紅點的過敏異狀是不是保養品造成的呢？」「有紅點都是用完去角質產品之後，還有涼涼的化妝水也會，會不會是因為我之前酸類用太多，導致皮膚變敏感？過了二十五歲膚質也會變，刺激性的產品我統統都不能用了，去角質、酸類、美白產品out。」

「花在保養的時間好像有點太多了？定期補貨有點麻煩耶。」「一罐一罐抹下去等它吸收都要好幾分鐘，雖然是滿療癒的，但如果省掉這個時間說不定也不賴啊。更何況隔一陣子荷包都要大失血一次，本人都缺鐵性貧血了。」

「空瓶和化妝棉是不是不環保呢？與其花心思找友善環境的保養產品，倒不如都不要用，更省事？」「嘿啊，減少不必要就是環保小舉動，說真的每次要買這些永續產品也不是那麼方便，不用煩惱都沒了。」

好像觸發了什麼神奇天線，過去視若無睹、見都沒見過的「相反」資訊，諸如「去角質是錯的，只會讓你皮膚變敏感，護角質才正確」、「化妝水真的需要嗎」、「抗老化產品的真相，其實沒那麼神」的減法保養、肌斷食概念，一個一個出現在我眼前。

我也不急，一邊消耗手邊的產品，一邊慢慢減少品項和調整保養手法。

從好多罐簡化至基本的清潔、保濕，含洗面乳最多用三罐。也減少產品的用量，從好幾滴改成一、兩滴，而且只上在重點部位，動作盡量輕柔，用按壓的方式取代大力摩擦或拍打。讓保養後的皮膚處在不悶不乾的平衡狀態。

一個月、兩個月、三個月，半年過去，照鏡子發現：「咦～我的皮膚顆粒感減少了，鼻翼旁的毛孔縮小好多。好像也沒那麼常長痘痘了，尤其人中附近的釘子戶——大膿痘，消失了！」

前所未見的光滑肌膚，忍不住伸出我的手一直摸（錯誤示範），然後臉上充滿花痴笑。長期抗戰了這麼久，原來好皮膚的祕訣，就是少一點保養啊！某次回老家，連妹妹都注意到我皮膚變好，問我怎麼辦到的，我得意地回她：「少用保養品就對了。」

進階肌斷食練習

這讓我有了勇氣加碼嘗試「肌斷食」，把保養品和清潔產品完全停用。雖然一開始如書上說的皮膚會感到非常乾燥，臉上好幾處有脫皮的現象，但還好不嚴重也不會疼痛，過渡期撐過去後，其實跟減法保養的狀態差不了多少，皮膚還是很穩定，沒有更好但也沒有變差，這也說明了保養品真的不是那麼的必須。

而且肌斷食的時候，總覺得我好像更了解自己的身體一點，皮膚摸起來粗糙或長痘痘的時候，我大概知道荷爾蒙出現變化生理期要來了，如果不是的話，也許是最近飲食出了狀況，是不是吃得太重口味？壓力太大啦？

「昨天喝了鮮奶茶，有牛奶，難怪臉上有些紅紅的。」大概可以推測得出原因來，進而去調整自己的生活方式。若在以前，罪魁禍首可能是某一款保養品，但我也猜不出來。

我把經驗分享在社群平台上，許多讀者回饋說自己也是肌斷食的受惠者，以前花錢做臉、塗抹一堆有的沒有，長了滿臉痘痘，糟透了，停用一切的產品後，反而恢復肌膚正常的狀態，不用花錢又能有好皮膚的感覺真是棒透了。

有了這些分享，和我自身的正面感覺，現在大多數時間仍舊執行著肌斷食。獲得的好處也不單單只有好皮膚。梳妝台從原先塞滿滿的狀態，到留白清爽樣子的舒暢感。自動對美妝保養品免疫，不再想逛藥妝店，少了無謂的開銷。出遠門只要準備基本衣服，少掉瓶瓶罐罐的自在感。更重要的是，時間，多了好多好多，這比保養的儀式感還要療癒太多了。

我的心情若用一句話來形容，就好像大熱天回家脫掉內衣的超級大解放。請容我呼喊一句：「減法保養，萬歲！」

開始你的減法保養

簡化保養有幾個面向，不單單只是減少保養品數量而已，我們還可以從步驟、成分，甚至品牌概念下手，進行全方位的減法保養。在嘗試的過程中，務必記得一點，時時關注自己的皮膚狀態，緩慢地調整，不適合就暫停，千萬別勉強自己。

1. 簡化保養品項：化妝水、精華液、導入液、乳液、乳霜、眼霜，還有加強保養的面膜、去角質霜，一個一個往上疊加在臉上，肌膚可能無法有效吸收，不僅沒獲得好處，甚至生出爛皮膚。你可以試著減少瓶瓶罐罐的數量，剔除掉那些感覺不到功效或加強保養的品項，只留下最基礎的化妝水和乳液，化妝水也可由保濕液或精華液替代。

2. 順時保養：保養品其實不用全臉都擦，可以針對局部需求下手就好。也要避免落入「不要用」和「一定要用」這種為了達成某種成就的執著裡，傾聽身體的聲音，透過當下的感受、情況，來決定保養清潔的繁、簡，沒有一定的規則和特定產品，我認為方式改變了，必需品自然而然也會跟著減少。

3. 選擇成分單純的保養品：多就會成為負擔，試想臉上抹了數十種甚至上百種成分是一件多麼恐怖的事！在成分挑選上力求精簡，可以盡量選用無香精、香料的品項，香味雖然療癒，但對肌膚是一種不必要。邱品齊皮膚科醫師的建議是，萃取成分少於五種，總成分少於二十五種較佳。

不浪費的飲食生活

減塑生活中，對我們來說最大的生活型態改變，是從「老外一族」變成天天開伙的勤勞人士，除了平日午餐（跟同事出門覓食是一大樂趣）外，都是自己吃自己。

某天，順口跟同事提到我要回家煮飯，那個當下我還忘不了她的表情，瞪大雙眼，好像在看著什麼外星生物一樣，說：「什麼？外面買不是快又方便嗎？為什麼會願意去做ＣＰ值這麼低的事？Unbelievable！」

她的反應雖然有點誇張，但我很能理解她的心情。說實話，煮飯一直不在我的生活規劃之內。過去礙於租屋環境和時間分配，長達九年的時間三餐都是仰賴外食，吃飯時間一到，不是上餐廳吃飯，就是外帶回家吃，不用買菜、洗鍋碗瓢盆、不用花時間研究料理的便利飲食生活，再正常不過了。

更何況，台灣外食文化如此發達，總覺得自己煮飯，對於忙碌的上班族來說，一點都不經濟實惠。你想想看，單程通勤時間一小時，下班回到家都已經快八點了，上班一整天，身心靈不免處於快要「登出」的狀態，這時還要煮飯，未免也太累人了。

這樣的我會興起想做飯的心情，又是為什麼？多數人應該認同吃飯是快樂、開心的事情吧？但對那時候的我來說，並非如此。我不太容易感到飢餓，笑說自己是0.5人份的幼童胃，外食不好控制分量，礙於工作時間也無法選擇自己偏好的食物，吃不完是家常便飯，遇到工作壓力大時，胃口又更差，一次又一次看著大量的食物被扔進廚餘桶，罪惡感越來越大，甚至還因為不想浪費食物乾脆不吃東西，實在不是件正常的事。

其二，麻煩將鏡頭再度轉向我們的垃圾堆，最大宗的垃圾是什麼？鐵定是一次性的餐具和餐盒。有一陣子我們可以靠內用免除這些東西，但碰到疫情時，又開始走回頭路，當減塑開始上了軌道後，這次我不再選擇睜一隻眼閉一隻眼，拿一堆理由來搪塞，而是好好地面對，往下一個階段邁進，自己煮飯就成了最好的解決辦法。

從零開始的自煮練習，一湯一菜的無壓力料理

沒煮過飯怎麼辦？放心，我也是新手下廚，料理年資只有在日本那短暫的五個月，我們就用「我就是菜逼八」的態度，來面對料理這件事。

每個人會對煮飯感到壓力，無非是受制於要三菜一湯、營養均衡、有肉有菜，在還沒開始前就給自己加了很多難度，跟外面的餐廳比、跟媽媽的廚藝比、跟別人家的餐桌比，自然會覺得這件事好難，直接舉白旗投降。

我很喜歡日本料理研究家土井善晴的一湯一菜飲食理念，他認為我們吃東西的基本，是為了滿足身體所需，好吃倒不是必要。身為開設料理學院的專業料理人，三餐照理來說，應該會吃得很精緻，但他卻選擇簡單的味噌湯、白飯，再配一道小菜，如此樸實，自在地享受平凡食物的美味，不讓煮飯成為生活的壓力來源。

因為這樣，我們的新飲食生活是從減法開始的，那時候我跟帥哥商量，說我只

會煮我自己想吃的，現階段不會把他的需求納入考量，比方說：餐餐要有白飯，如果他需要額外的碳水化合物，請自行處理。當我放棄去顧另外一個人的口味時，突然覺得「煮飯好像變得很容易」。

首先，思考自己喜歡吃什麼？食物的選擇權重新回到自己手中，沒道理煮自己不愛的，像我立刻就把豬肉捨棄掉，用從小吃習慣的魚取代（外公是賣魚的），香菇則是不可或缺的食材，每次去超市採買，一定會抓一包鮮香菇或鴻喜菇。

會煮什麼？不用去管「應該要」三菜一湯，還是有魚有肉的滿漢大餐，把煮飯的門檻降到最低。套一句飲食作家葉怡蘭常說的話，不要把料理想得太複雜，說穿了就只是把食物煮熟而已。一開始，我們的餐桌上就只有湯和饅頭，或者是料多多的湯麵，只要十分鐘就能上桌，比在外面買還快。

先養成煮飯的習慣，再去升級自己的廚藝，慢慢開發新菜色。當然我們也發生了許多悲慘的結果，比方說：虛有其表的暗黑義大利麵、靈肉分離的蘆筍肉卷，但我對自己做出來的飯，容忍度特別高，太鹹、太焦、料太多……各種千奇百怪的狀況都會發生，失敗了，沒關係，下次再調整就好。

味噌湯就是一個很好的例子，原以為是很簡單的料理，但味噌的比例和湯底也是一門學問，一開始只用水和憑感覺加味噌，煮出來不是過鹹就是過淡，後來才知道要使用高湯滋味才會豐富，或者也可以丟一兩顆蛤蠣提鮮，若打個蛋花會讓湯頭更溫潤。我們也找到了喜歡的味噌，不是我自誇，現在幾乎零失敗，帥哥還說這是高級日本料理店的味道，一碗賣個一百元都不為過。

我還發現，魚是隨便弄熟就很好吃的食材，每一種魚肉質、味道都有些微的差異，換不同的魚，就好像不一樣的料理一樣。公香魚的肉質比母香魚的還要細緻，價格又低許多。龍膽石斑魚下巴口感好Q彈，有點像田雞肉。國小營養午餐常出現的肉魚和柳葉魚，只要撒胡椒鹽就好好吃。

朋友看我買一箱海鮮，表示她不會料理不敢買。我回她：「魚其實是相當方便料理的食材，冷凍魚常備在冰箱，要吃的時候解凍，抹一點鹽，其他交給烤箱處理就好，完全不需要廚藝。」我也會順便把地瓜或馬鈴薯一起丟進去烤，等待的這段時間，我可以洗個澡或者煮湯、切水果，二十分鐘搞定我們的定番一號餐：烤魚、地瓜、味噌湯。

要是碰到晚下班，或者居家上班午餐也要自理時，就出動更簡單的一鍋煮料理。洗一杯米，除了水外再加一點濃縮高湯或醬油調味，放入蔬菜和魚片，按下電鍋，去處理其他事情，半小時後就有香噴噴的炊飯可以吃了，時間一點都沒有浪費。

我們的料理變化並不多，你也許會想問天天吃一樣不會膩嗎？我覺得就像有些衣服我們想一穿再穿，面對100%喜歡的事物，多半不太有厭倦的一天，味噌湯、烤魚也是一樣的道理，況且可以順應時節改變配料、換新口味的味噌，這樣微小的變化對我們來說，已經很足夠了。也發現，這讓我們的味覺一天比一天敏銳，多加了什麼、換了一款醬油，一吃就吃出來，甚至能感受到不同鹽的差異。

如果你也想嘗試自己下廚，不妨試著把一湯一菜的組合當成餐食的預設值，自由運用在西式、中式、日式等符合你胃口的料理上，等上手了、產生樂趣了，再額外發揮就好。

專注當下，日常飲食也能是件療癒事

有些人可能會為了節省料理的時間，事先準備好常備菜，加熱就可以吃了，但這個方法對我們並不適用。明明不想吃咖哩，但再不吃就要壞掉了，少了點對食物的選擇權，就好像回到過去礙於店家營業時間，明明還沒有飢餓感，因為飯點到了，還是得買點什麼來吃，不然等等就買不到了，有種被限制的感覺。

我們更偏好順應當天的心情，煮身體渴望的料理和分量。因為餓了才吃，吃當下最需要的，才能好好享受食物的滋味，而且都吃光光，不再有剩食的罪惡感。

以往覺得煮飯是件麻煩事，隨著一次一次的料理經驗，反而成了下班後的抒壓時光。

細心地清洗、切塊，出動心愛的鍋具，煮水、下料、調味，拋開工作上的煩惱、作業期限，專注於每個做飯的當下，有時候帥哥也會一同加入，兩人分工合作為自己煮一頓飯，有所付出，再享受成果的感覺，有莫大的療癒感。

甚至假日，我也越來越常混廚房，燉煮需要時間的羅宋湯、做做麵包甜點等等，安安靜靜地一個步驟一個步驟做下去，香味、聲音、手部的動作……刺激著五感，大腦處於放空的狀態，從高速運轉中得到釋放。

簡單生活教導我們要專注於當下，但過去在吃飯這件事上，我們都沒有做好，總是喜歡當電視兒童，邊吃飯邊看影片，到底吃了什麼其實沒有多大感覺。自己做飯後，意識到，既然是自己用心的料理，是不是應該要好好品嘗呢？

我們改掉壞習慣，把餐桌推到心儀的地方，有時候是檯燈晚餐、有時候是街景午餐，使用我們三年來一件一件陸續買回來的心愛餐具，擺好盤，一切備妥後，兩人靜下心來面對面吃飯，閒聊今天發生了什麼有趣的事、今天的飯菜口味等等。如果說過去吃飯是為了生存，現在則是為了生活，不僅獲得極致的放鬆，也達成了我們的不浪費飲食生活。

和衛生紙分手的勇氣

衛生紙，大概榮登每人每年消耗量最凶的榜首。吃東西沾到、擤鼻涕、擦乾手、擦屁屁等等，幾乎都用得到，那樣理所當然的存在不自覺就會隨手一抽。別忘了，它的兄弟姐妹還有擦手紙、廚房紙巾和濕紙巾，屁屁救星的濕式衛生紙也是。

練習跟衛生紙和它的兄弟姐妹分手的契機，在於看了尚潔夫婦的實驗文章，以零廢棄生活為目標的他們，家中任何用得到衛生紙的場合，都以手帕、毛巾或者衛生布取代，就連他們還是小小孩的女兒沐沐也一同加入，一家三口的家中沒有衛生紙的存在，是一件多麼神奇的事啊。

可能因為我們年齡相仿、有著正職工作、在都市裡的有限空間生活，而且這是一項不需要麻煩他人的改變，讓我更想嘗試看看減少衛生紙的生活會是怎麼樣？這樣的轉變會不會有其他想法上的啟發呢？

我第一個下手的對象是廁所裡的濕紙巾。濕紙巾是以不織布製成，除了是塑膠製品外，也添加了許多的保存劑，它無法直接沖馬桶，只能丟垃圾桶。如果要免除濕紙巾，最好的解決方法是水洗，但總不可能每次上廁所都大費周章地脫掉褲子用蓮蓬頭洗屁屁，家中的環境又無法裝免治馬桶。

那時我想到了之前在日本節目上看到的酷東西——隨身洗屁屁機，外表長得有點像沖牙機，雖然都是「口」的清潔，只不過一個是洗入口，一個是洗出口。吃電池不需要插電，只要把附的小水箱裝滿水就可以立即使用，還有轉接頭可以接寶特瓶，提供滿滿的水。

對當時我的來說這是絕佳的選擇，我便用兩張小朋友投資了一台。生理期間或者大便，我都會先用它來沖洗，再使用一到兩張衛生紙擦乾，擺脫了濕紙巾，也減少衛生紙的用量。一晃眼那台機器已經使用了兩年，對它還是相當地滿意。

衛生布挑戰

前一陣子，我給了自己一個挑戰「除了上廁所外，盡量不要使用到衛生紙」。我把一件要斷捨離的亞麻襯衫，剪成一小塊一小塊衛生紙大小的布，做成我的衛生布，各放兩三條在我經常會用到衛生紙的地方，像是廚房或者直接放在口袋，這樣在急需時，才能即時取用，不會又伸向衛生紙。

我知道有時候衛生紙會不請自來，比方說帥哥一看到我需要解救，就會隨手抽一張給我，或者中午跟同事出門用餐時，她也會順便幫我拿幾張。在我進行這個計畫時，我就事先跟帥哥說：「請你守護好你的衛生紙，不要讓我用到它。」「我自己有布，你可以幫我拿布，就是不要拿衛生紙給我。」也在同事出手前，先掏出口袋的衛生布，這樣她就明白我的意思了。

拒絕他人的好意，也許剛開始會不太習慣，但總要有第一次，久了就成自然，說不定還會影響到他人呢。

比起手帕，我更喜歡衛生布多一些，開始使用後我才發現，過去在家裡我沒那麼習慣用手帕的原因，其實出在手帕太大條，手洗有些麻煩。而衛生布小小的，弄髒了就順手抹點肥皂洗一洗，因為很薄的關係，一下子就乾了，用起來更加便利。手帕單純擦乾水分，會弄髒需要立刻洗的就用衛生布，目前我是這樣分工的。

在廚房裡，我也用衛生布來取代部分的廚房紙巾，例如包覆清洗好的蔬果、沾油保養鐵鍋，唯有生肉、海鮮我還是會少量使用廚房紙巾，至少減少了一半以上的用量。

其實有一小段時間，我也嘗試挑戰上廁所不用衛生紙，我把一條手帕剪成四小塊，當成我的屁屁巾，小便後就用它擦拭，大便則是用完洗屁屁機後，再用它擦乾，不過難免會有點殘留，第一次洗自己的排泄物需要那麼點勇氣。

你可能會覺得，這太極端了，沒必要做到這樣的程度吧，在兩年前我可能也是一樣的想法，但我覺得練習減塑這件事教導我，不要去抗拒任何的事情，如果有興趣就去嘗試、去了解，自己親自做了才知道：「喔～原來是這麼一回事啊」、「其實也沒想像中的恐怖嘛」。不適合停止就好啦，所以現在我還是改回使用衛生紙了，不那麼為難自己。但我會把衛生紙撕一半，節省用量。

如果你想要降低衛生紙的使用量，可以先從準備幾條手帕開始。我自己偏好亞麻或紗布巾的材質，邊長大概四十～五十公分左右，吸水性強、耐用、又快乾，薄薄的摺起來小小一塊好攜帶，攤開來面積又大，有時候還可以把它當成日式風呂敷，綁幾個結就能變成一個小提袋，我甚至還會拿來當麵團的醒麵布，真的很萬用。

至於布的衛生、清潔，提供你幾個消毒的做法。可以使用「熱水＋過碳酸鈉」進行深度清潔，或者定期用熱水煮（但要確保布的材質是天然耐高溫的），《我家沒垃圾》一書中，也建議可以使用熨斗燙一燙，不妨選擇你方便的試試看。

擺脫減塑焦慮的處方

隨著練習的難度越來越高，遇到的怪就越強，不再像起初那樣順遂。我盡量保持練習者、實驗者的精神，給自己信心喊話：「我不是失敗，只是還沒成功。」過一陣子再來嘗試，說不定就有轉機。

當自己做得越多，不免會陷入看什麼垃圾都不順眼的減塑焦慮狀態。又或者感嘆自己時間不夠用，好多事情想做但心有餘而力不足，如果你也有這樣的困擾，想提供給你幾個方法。

1. 擬定自己的減塑原則和優先次序：想想對自己來說現階段最在乎的是什麼？也許是時間、也許是金錢、也許是養成習慣、也許是友善環境？

以我自己來說，我希望在不勉強、不影響生活品質的情境下，盡量減少生活中的塑膠製品，所以在採買物品時我都會選擇天然材質的品項，而有些人可能更注重動物友善，可能就會避免動物實驗、牛皮等產品。

2. 轉念：在不適應、不適合的時候，不是直接放棄或感到沮喪，而是想我還能做些什麼？就算是做半套也無所謂，重點在於「減」的行動，而不是「量」。當我面對許多事情做不到時，我也會想成「還有好多挑戰等著我去玩」。

下一步我打算進階挑戰去傳統市場買菜，為了這個計畫，我可能先需要觀察自己一周的食材需求，想想需要哪些容器，以及找尋心儀的店家，還要先去場勘，試著把困難的事當成一場有趣的實驗，就會燃起滿滿的幹勁。

3. 記錄成就清單：會焦慮的原因多半出在我們忽略自己已經努力了多少，不妨寫下那些你已經做到的事，貼在牆上時時提醒自己或者社群發文昭告天下也不賴。

我的零廢棄練習生完成清單

- ☑自己帶環保杯
- ☑使用月亮褲和布衛生棉
- ☑手帕、抹布和衛生布取代衛生紙和它的好朋友
- ☑用保鮮盒和矽膠袋取代塑膠夾鏈袋
- ☑自己下廚避免剩食和免洗餐盒
- ☑使用天然材質的消耗品，如：竹牙刷、蠶絲牙線、絲瓜絡
- ☑肌斷食和洗髮餅，減少浴室裡的瓶瓶罐罐

在減塑過程中，千萬不要忘記，我們的所做所為是為了讓自己有更好的生活，可以舒服、自在地過日子。

後記／
理想的簡單生活由自己打造

五年的時間，早已脫離對數量或物品的糾結，更看重的是生活的方式，一步一步向理想生活靠近了一點，我甚至可以很自信地說：「目前的狀態，就是我的理想生活。」

曾經是散財童子的我，現在走進商店裡，不再有夢幻泡泡，幻想買下物品的美好，而是能抱持著純粹欣賞、蒐集情報的態度，晃完一圈後，空手走出店裡，因為我很清楚知道，目前我並沒有任何的需求，就算買回家最終也只會淪為深宮怨婦的一員。

學會精準消費，當有物品需求時，會先仔細列出需求清單，把理想的物件要素一一寫下來，像是材質、顏色、價格、尺寸、風格等等，花時間找到最符合的人選，才能確保物品可以成為家中常駐的一員，而不是來來去去的過客。確實地把錢花在刀口上，儘管收入不多，我也累積出了自己的半桶金，脫離沒錢可用的煩惱。

從雜物堆裡脫身，身邊圍繞的都是讓自己怦然心動的物品，甚至有陪伴我十年以上的老戰友，每個都是一百分的心頭好，讓我只要擁有少量的物品就能獲得莫大的滿足感，甚至有了「喜舊厭新」的現象。正因為每個物品都是滿分物件，也讓整理收納和打掃成了一件療癒事，讓家裡時時維持著乾淨整潔的狀態。

另外，我也養成了「調整」的習慣，物品配置、時間規劃、物品取捨等等各方各面，沒有什麼是固定不變、只能這樣的，時時想著現在的自己的需求，進行最適化，讓生活品質更進一步提升。舉例來說，重新分配時間，養成早起的習慣，一天的開始就完成寫作、閱讀等要事，平日也能推動真正想做的事，不必等到假日才動工，有更多的休息時間。

當自我獲得了滿足，自然會產生利他的行動。我開始對環境永續、減少地球負擔等環保議題感到興趣，願意用自己的實際作為，來盡一分心力，諸如：使用布衛生棉、自備便當盒和環保杯、傳統市場裸買蔬菜，甚至把手邊的廢物再利用等，即便會耗費不少的時間和心力（有時還比較花錢），也樂在其中。

達到理想的簡單生活一點都不困難，只是需要時間的累積，謹記一個重點，保留對現在的自己而言重要的人事物，其餘的就坦然地捨棄掉，如此一來我們才能將有限的空間、時間、精力和金錢，好好地投注在這些留下來的事物上。

簡單生活該如何開始？也許你會對此感到困惑，本書的章節其實是按照我親身實踐的順序進行安排，如果可以的話，不妨試著執行看看。

1. 簡單生活起手式，先從整理物品開始：初步了解自己、懂得去蕪存菁，養成斷捨離的習慣。
2. 沒有終點的課題，慾望大魔王：學習和購物慾和平共處的方法，逐步建立自己理財觀念和選物的標準，盡可能把錢花在刀口上。
3. 營造美好的居家空間：培養正確的整理收納觀念，無痛養成順手歸位和日常打掃的好習慣，讓家成為可以卸下重擔好好放鬆的場所。
4. 快樂很簡單，只要用心生活：斷捨離只是手段，我們的目的是實現自我、好好生活，讓你重新發現日常的細微美好。

5. 同在一個屋簷下：學習換位思考用理性的態度看待他人的物品，讓自己和家人都能生活得更自在。

6. 將減塑練習加入簡單生活：重新審視自己所消耗的資源，試著嘗試更永續的方法過生活，創造引以為傲的里程碑。

簡單生活時時刻刻都因自己的情況而變動，有時候我們也會放棄曾經的好習慣或買了以前不需要的東西，千萬不要產生自己墮落了、有罪惡感的想法，其實只要確保自己的優先順序做取捨就夠了，就連我寫在這本書的習慣或想法哪天突然改變了也不一定。

在書寫這段文字時，我的肚子裡也有了小寶寶，是個可愛的女孩子，不難想像從妻子到媽媽、兩人家庭變成三人家庭，將會產生翻天覆地的變化。有位讀者問：「有小孩後還能極簡嗎？」我認為是完全沒有問題的，畢竟我所重視的並非物品數量，只要掌握必需，避免不必要的浪費，一個人有一個人的簡單生活模式，三個人一樣可以過簡單生活，只要適時調整就夠了，我依舊會持續練習下去，創造屬於我們家的下一階段生活篇章。

每個人的理想簡單生活都是獨一無二的，想要達成什麼樣的狀態，全由自己來打造。

理想生活的關鍵字

練習輕巧地過日子，
找回金錢、時間與心靈的餘裕

作　　者｜Kasin
封面、內頁繪圖｜Kasin
總 編 輯｜盧春旭
執行編輯｜黃婉華
行銷企劃｜鍾湘晴
美術設計｜王瓊瑤

發 行 人｜王榮文
出版發行｜遠流出版事業股份有限公司
地　　址｜臺北市中山北路 1 段 11 號 13 樓
客服電話｜02-2571-0297
傳　　真｜02-2571-0197
郵　　撥｜0189456-1
著作權顧問｜蕭雄淋律師
ISBN ｜ 978-626-361-067-5

2023 年 5 月 1 日初版一刷
定價｜新臺幣 390 元
(如有缺頁或破損，請寄回更換)

國家圖書館出版品預行編目 (CIP) 資料

理想生活的關鍵字 : 練習輕巧地過日子 , 找回金錢、時間與心靈的餘裕 /Kasin 著 . -- 初版 . -- 臺北市 : 遠流出版事業股份有限公司 , 2023.05

面 ;　公分

ISBN 978-626-361-067-5(平裝)

1.CST: 簡化生活 2.CST: 生活指導

192.5　　112004410

遠流博識網
http://www.ylib.com
Email: ylib@ylib.com